湛庐 CHEERS

与最聪明的人共同进化

HERE COMES EVERYBODY

体验思维

X THINKING

黄峰 赖祖杰 著

天津出版传媒集团
天津科学技术出版社

上架指导：商业新思维

图书在版编目(CIP)数据

体验思维 / 黄峰, 赖祖杰著. -- 天津：天津科学技术出版社, 2020.4
ISBN 978-7-5576-7379-6

Ⅰ. ①体… Ⅱ. ①黄… ②赖… Ⅲ. ①品牌营销 Ⅳ. ① F713.3

中国版本图书馆 CIP 数据核字 (2019) 第 285806 号

体验思维
TIYAN SIWEI
责任编辑：吴文博
责任印制：兰　毅

出　　版：	天津出版传媒集团
	天津科学技术出版社
地　　址：	天津市西康路 35 号
邮　　编：	300051
电　　话：	（022）23332377（编辑部）23332393（发行科）
网　　址：	www.tjkjcbs.com.cn
发　　行：	新华书店经销
印　　刷：	河北鹏润印刷有限公司

开本 880×1230　1/32　印张 9.5　字数 210 000
2020年4月第1版第1次印刷
定价：69.90元

版权所有，侵权必究
本书法律顾问　北京市盈科律师事务所　崔爽律师
　　　　　　　　　　　　　　　　　　张雅琴律师

各方赞誉

唐纳德·诺曼（Donald Norman）
用户体验提出者，《设计心理学》系列书籍作者

《体验思维》是一本可读性很高的书，作者在书中开创性地讨论了有意义的体验对于人们生活的作用。本书始于中国，呈现了以体验视角进行商业创新的讨论与实践，比如从产品交易到品牌服务的转变。但体验的重要性及价值，并不局限于某个国家或某种文化。本书关于中国商业创新的宝贵经验，在全世界范围内具有领先意义，所提出的商业理念也具有广泛的适用性。

余放
安利（中国）总裁，安利公益基金会常务副主席

今天，体验思维弥散在所有商业场景中，我们正进入一个体验驱动行为的时代，企业数字化转型同样如此。安利在通过数字化转型带动增长的旅程中，致力于为顾客带来更现代化的品牌体验，为安利平台的创业者带来更加智能化的创业体验。黄峰以其深耕体验经济十多年的深厚经验，参与了安利数字化体验的策略制定，以及传统线下实体向全触点智能化体验实体转型的规划与设计，是安利数字化旅程中同频共振的智慧伙伴。

沈晖
威马汽车创始人兼 CEO

在全球 14 家顶尖咨询公司中，威马最终与黄峰团队合作，这并非机缘巧合。他的团队不仅拥有对体验的创新理解与体系方法，同时也是目前国内为数不多能从策略做到落地的咨询公司。体验经济之中，威马作为新能源智慧出行服务商，追求的不仅是利润，而且是以威盟粉丝和威马用户为本，持续创造用户价值。

白鸦
有赞创始人兼 CEO

2004 年，我和黄峰结缘于 UXPA 中国，成了共同奋战的兄弟。此后我们分别在不同领域创业。今天有赞 8 周年，唐硕 13 周年。感叹黄峰的坚持。体验这个行业需要有一批人不断探索并突破价值创造的上限。黄峰无疑是其中的代表者。这本书分享了他 16 年的从业心得，读者能够从中了解体验的本质与价值，是本诚意之作。

杜国楹
小罐茶创始人兼 CEO

品牌是人们对产品物质和心理体验的总和。消费升级的大环境下，顾客对体验的要求将会越来越高，打造一个优秀的品牌必须要具备体验思维。黄峰和他的团队是国内体验领域的先行者，在用户体验、品牌塑造领域做了大量深入的探索与实践，《体验思维》这本著作系统地将作者这些年关于体验的所思、所想及成功案例毫无保留地分享出来，对中国企业完成从产品制造到品牌运营的升级将会起到有效的帮助。

钮键军
《哈佛商业评论》中文版副主编

我与体验思维的提出者黄峰很早结缘。可以说，我见证了这一理念的诞生与发展。正如书中所言，西方的商业理念，越来越难以将中国的商业创新之路照得更加明亮。黄峰及其团队归纳提炼了大量亲历的商业实践，形成了指导中国商业发展的新理念——体验思维。这本书兼具理论结构和翔实案例。不同读者都会从中获得启发与洞见。

朱睿
长江商学院市场营销学教授、EMBA 项目学术主任

小到一支铅笔，大到一部手机、一件时装、一辆汽车，人们对于品牌的选择已经越来越依赖个人的感受。如何触动人心，创造美好的体验，《体验思维》一书给出了基于实践的系统分享。遵循"以人为本"原则，作者呈现了如何以体验的新角度打造品牌，如何通过技术、共创等维度持续创造价值。读者将由此获益，值得一读！

李健杓（Kun-pyo Lee）
香港理工大学设计学院院长，LG 设计前 CEO

　　我虚长黄峰一些，我们是忘年之交。这本书并不是碎片零散的观点表达，而是体系扎实的商业策略指导。其中分享了诸多将创新的理论模型应用于商业实践的经验。本书的独特价值在于，它重构了中国商业的创新模式，为许多想要进入中国或在中国寻求进一步发展的国际品牌提供有价值的见解。我十分确信，这本书能够为企业决策者和管理者带来新方向，也可以给教授、学生等广泛读者带来新启发。

推荐序 1

体验思维,始于商业却不止于商业

黄晶生
哈佛中心(上海)前董事总经理,
贝恩资本前董事总经理

"以人为本"的理念共鸣

说来有趣,我和黄峰因哈佛大学结缘。经由《哈佛商业评论》中文版的杨志清介绍,我俩相识。几年之后,他在我的推荐下顺利入选哈佛商学院全球高管领导力课程,我与黄峰从此正式成了哈佛校友,他成了我的学弟。

实际上,我和黄峰第一次相见之时,的确有一种再次回到青年时代的感觉。我们在唐硕见面,让我想起了 26 年前在加州帕洛阿尔托工作的时光。1993 年,我与斯坦福大学校友王维嘉(Victor Wang)共同创立了一家风险投资公司，公司就位于斯坦福校园旁边的研究园，离 IDEO 办公室不远。王维嘉是《暗知识》一书的作者。我们当时立志为中国市场打造一款无线数据的通信设备。在第一台设备面世之前，我们访谈了很多工业设计师。当时的我，对体验经济下的设计及理论知识并不十分了解，所以我并未充分利用当时的机会学习"以人为本"原则，而这正是后来让苹果公司及乔布斯享誉全球的设计原则。

多年后与黄峰的相识让我意识到，当年自己多么年少与天真。也正是这一认识，让我想要向他学习，那种感觉，就像是学生走进自己喜欢的课堂一样。和黄峰午餐期间，我和他及他的合伙人探讨了很多问题。在体验经济大环境下，商业模式是如何一步步演化的？"以人为本"的原则具体指什么？唐硕作为一家以用户体验起家的咨询公司，自身品牌及设计实力又是如何转化为风险投资的必备条件的？黄峰一定能感觉到，我对他目前所从事的事业具有极大的兴趣，其实我也是在弥补自己 20 世纪末创办企业时的遗憾。

多年来，哈佛商学院在其 MBA 课程第一年，就教授"以人为中心的设计思维"。学生在校内学习基本概念和方法后，就能在"全球商战沉浸"（Field Global Immersion）实践课堂里去帮助企业设计完成真正的产品或服务。2018 年，由 930 多名哈佛商学院 MBA 学生组成的团队，在学校课程结束后前往全球十几个城市，并开始在当地企业实践。作为哈佛中心（上海）的常务董事，我协助安排包括上海在内的多座亚太城市作为实践基地。在此我要感谢黄峰帮忙联络其合作伙伴蔚来汽车作为实践基地之一。其间他还抽空与 80 名哈佛商学院学生分享自己的商业实践。再次感谢黄峰对哈佛商学院的支持。

体验的递进与黄峰的价值观演进

在一个阳光明媚的秋季周末，我在公寓的阳台上翻开黄峰的新书。获取新知识时的感受和晒到秋日阳光的感受相差无几。书里的很多观点都很有见地，也有一些很新奇的观点，我的脑电波开始接收到新的刺激。

随着年岁渐长，我对阅读内容的筛选逐渐形成以下三层标准：（1）有趣的；（2）工具性的；（3）引发思考的。在我看来，黄峰这本书同时符合这三个标准。即使你不是体验行业专业人士、企业高管或者教育家，你也能从书中找到一些与你的生活或工作相关的东西。我总结了一下我对整本书的三点整体观感，希望能激发你的一些新思考。

首先，这本书的逻辑是"垂直的"（Vertical），以宏观的历史视角深入分析。每一章都有符合当时商业环境与社会发展的详细案例研究，当然这主要是基于黄峰本人的从业经历，也正是由于这些经历，他和他的团队能与客户一起分析问题、创造价值，将"以人为本"的商业战略落实。而且，这本书能以深入浅出的方式带你回顾体验经济的发展历史，并进一步解析体验经济现状。黄峰很擅长用讲故事的方式，来吸引读者进一步理解体验思维中的概念，并以这一视角来重新审视商业发展进程中品牌、商业模式、技术创新、组织发展、人力资源等方面所发生的变化。一章一章，观点清楚且引人入胜，能带来沉浸式的阅读体验。如果我负责教授一门商业课程，我会把这本书作为必读书目之一。

其次，这是一本能令人视野开阔（Horizontal）的书，书中案例涉及多个行业，读者能涵盖各个年龄段。我猜想，黄峰在写书之前应该有对其核心读者做过详尽的研究。我可能虚长一般读者几岁，我在阅读此书的过程中感到十分欣喜，因为书里的内容很吸引我。同时我发现，书里有很多例子也很贴近年轻人的生活。简单来讲，只要你生活在当今的数字经济当中，你一定对各种"以人为本"的体验十分熟悉。这一理念，从战略选择到战术应用，正在帮助各行各业的品牌找到核心人群，通过更广泛的服务体验创造和沟通价值。其中包括了更高满意度、更多钱包份额、更好的口碑、更强的影响力等。这本书揭开了很多看似熟悉的生活场景背后体验经济得以运行的底层模式，读起来就像是那些恍然大悟的"啊哈时刻"，随着书里内容一章一章深入，你将会对体验经济中的各种商业模式有更清晰的了解与判断。

最后一点，这本书是"打乱思路"的。毫无疑问，这本书是关于商业的，但是在某种程度上，我也可以轻松将这些理念运用于生活中的其他非商业方面。即使你不是管理者、企业家或教育家，你仍可以从中找到一些有趣有用的知识框架来改善自己的生活体验。举个简单的例子，黄峰在第一章中描绘了一个金字塔结构，来阐释他对企业提供价值演变四阶段的理解，好用、好看、更好地解决问题、意义与关系，有点像马斯洛需求层次理论的模型。

黄峰这张图是在讲商业价值的演进，但是我忍不住开始思考，商业语境之外人类的哪些活动也遵循类似从"有用"到"有意义"的价值观演变呢？有一个很好的例子是教育，这也是很多中国父母特别关注的一个事情。很多父母会把教育当成一个功用性很强的事情，比如是让孩子将来找到好工作的敲门砖。但其实，根据黄峰的这一理论模型，"找工作"这种属性只属于"有用"的第一阶段。父母会敦促孩子根据考试标准学习知识，这就意味着，考试结果是教育成败的衡量标准。这个标准之上，家长们也可能会期待学校提供一些"好看"的功能，如课外活动或慈善活动等，让学生们的简历能看起来更出彩。紧接着，也许就需要教育能进一步"解决问题"。最后，人们或许应该将"为生活创造意义"作为教育的最终目的。

我们的教育体系将如何及何时从"有用"转变为"有意义"？或者教育是否同时为社会不同阶层提供了不同的价值观？换言之，对某些人来说，教育只停留在"有用"的层面，但对另一些人来说，教育的价值远远超越了找到工作、赚到钱这个层面。

未竟问题留待大家共同思考。

我觉得，有时一本书也像一幅艺术作品。创作者的技艺是否高超，不仅体现在作品本身的结构、色彩、逻辑和故事上，还应该由其所能激发的观众想象力和潜力来衡量。我十分清楚，阅读本书的过程中我的大脑一直处在十分活跃的状态。

黄峰这本书带给我很多新思考，也希望能激发你的新想法。

推荐序 2

执"体验"之矛,开疆辟土

娄永琪
同济大学设计创意学院院长,
瑞典皇家工程科学院院士

自谢安郡吴兴始,湖州素来人才辈出,"千岩竞秀,万壑争流"。才业超群游于艺者,元有赵子昂、王叔明,近世有吴昌硕、沈尹默。

黄峰先生,当下湖籍才俊之翘楚也,以身体力行体验思维,声名播于设计圈及产业界。十二年前创立唐硕咨询,开国内体验设计咨询之先河,旋又发起 UXPA 中国,为国内同道搭建一体验设计交流之平台,迄今已枝繁叶茂,蔚为壮观。

近三十年来,设计学科横空出世,蓬勃发展,是中国艺术教育的一大现象。设计发于艺术,却如南方之榕,枝垂成根,数株连碧,终得另立门户。为中国设计发展披荆斩棘者众,黄峰先生为其中拼命当先者,执"体验"之矛,开疆辟土,斐然有成。

黄峰先生"立功"于先,不忘"立言"。新著《体验思维》,不掉书袋,不脱实际,故能自出机杼,耳目一新。尤为难能可贵的是,谈的是体验思维,却归乎人文理性,聚焦价值创造,前瞻时代趋势,关怀永续发展。视野之大、立意之高,实属凤毛麟角。

所谓"体验",基于实践,融于情境,其本在人。体验设计之重点不在于对被动经验的认知,而在于对主体的主动干预和实践的过程、所涉系统及其组分之间交互的设计。

在此过程中,对"品质"的定义,是首先必须要明确的问题。所喜《体验思维》三观之正,在同类书籍中是卓尔不群的。就如书中所说:"体验思维"在这三维度(人、价值和可持续)上认知迭代。人,不再只是消费者,且已成为品牌的共建者。价值,不再局限于产品交易,而是侧重品牌服务。可持续不再停留于供需关系,而是产生于整个共生系统。

要之,体验设计不仅是商业成功推波助澜之力量,也是文明延续"意义生产"之路径,更是人类应对生存危机推动"集合式生活方式转变"之有效策略。在当下人工智能时代,倡导体验思维意义尤为重大,因为体验折射的正是"人、人性和人文"的光辉。如何驾驭和发明技术,应对新一轮的"人的物化"危机和可持续发展的挑战,是人类能否开启一个更为美好未来之根本。手握"体验"这个罗盘,前路虽未可知,亦可以无惑矣。

是为序,同道者勉乎哉!

扫码获取"湛庐阅读"App，
搜索"体验思维"，
观看"体验思维"提出者黄峰的精彩演讲视频。

前 言

体验思维,商业创新的顶层思路

这是一本关于体验的书。不同的读者,阅读本书的体验也不尽相同。

如果你是品牌的决策者或管理者,特别是身处传统产业的人士,你将收获商业创新的认知迭代,发现以体验驱动创新的新方向。

如果你与商业创新息息相关,是产品人、设计师、营销人、开发者、工程师等等,你将从更整体的视角审视创新,对如何推动商业创新产生新思考。

中国体验经济领先世界

下面这个空间,你知道是哪里吗?

大门限流排队、室内通透、体验丰富，等待人们去探索。大家三两结队熙攘游走，见证咖啡豆烘焙的整个过程，感受现场冲煮来自世界各地的咖啡、精酿啤酒和特调饮品，品尝现场制作的面包、甜点、巧克力。咖啡师会专业地回答你的问题，也会忙里偷闲和你聊天。整个空间洋溢着品质、工艺、时尚与新中产的氛围。

这里是星巴克臻选上海烘焙工坊，也是世界上规模最大的星巴克工坊。与寻常咖啡店相比，人们的五感在这里被充分刺激，产生了丰富而具有差异性的体验。无论哪类人群，都在渴望改善自己的体验，诸如星巴克的品牌们也在努力转型升级，从而创造有价值的体验。体验已经成为驱动商业与经济发展的核心动力。

我们早已身处体验经济之中。大部分中国人了解体验经济，是通过《体验经济》（The Experience Economy）这本书以及相关文章。《体验经济》1999年在美国出版，2002年被引入中国，由 B. 约瑟夫·派恩（B. Joseph Pine II）与詹姆斯·H. 吉尔摩（James H. Gilmore）联合撰写。"体验经济"也是由他们提出的，两位早在1998年就在《哈佛商业评论》美国版杂志上发表过主题文章，提出体验经济是继农业经济、工业经济、服务经济之后的第四个经济发展阶段。

事实上，中国的体验经济发展到今天，已经与美国的体验经济大相径庭。中国的体验经济在世界范围开始具有先锋性与代表性。随着国家实力的提升，随着智能设备与互联技术的普及与升级，中国人的切身体验在被不断改善和刷新，特别是最近的 10 年。比如，作为"新四大发明"的高铁、移动支付、共享单车、网络购物，普惠国人的同时也在向世界输出。

中国体验经济向前蓬勃发展的同时，也在遭遇前所未有的复杂性。中国企业所遇到的商业问题，西方的商业创新思路越来越难以完整解答。我们需要在没有先例没有参照的情况下，自寻答案。

从体验经济到体验思维

体验经济之中最关键的，不在操作方法，而在顶层思路。传统经济中（农业经济、工业经济、服务经济）商业重心更偏向行业与品牌。而体验经济中，商业的重心是人。我们在获得、分享体验方面高速迭代，效率与品质越来越高，成本与门槛越来越低，类型与方式越来越丰富，人们的话语权与参与度史无前例地高。品牌是人们体验的聚合，而非由传达与洗脑构成。

这样的时代下，体验思维应运而生。体验思维迭代了商业创新在人、价值、可持续三个维度上的认知，成为在体验经济中指导品牌创新的顶层思路。体验经济是体验思维的土壤，没有体验经济，就没有体验思维。

人在迭代。历史上没有一个国家像中国一样，在过去20年间创造并聚集如此巨量的财富。全球规模最庞大的中产阶层，在中国迅速崛起。中产人群在消费中的前瞻性与对消费的支撑性越发显著。与此同时，人们的圈层分化与重塑速度史无前例地快。更年轻的人们不断登上舞台，人们渴望与品牌双向沟通。价值观从未如此多元，不同的人群对美好生活体验的理解与定义大相径庭。

价值在迭代。数字技术驱动中国人的生活迅速迭代，高效的普惠领先世界。大量的创新产品问世后，服务越来越彰显价值，品牌不仅在产品的交易与使用中进行价值传递，更是在与人们的每一次接触中都通过服务进行价值互动。人们不断以自身感知的价值体验来更新对品牌的认定。地大物博的中国，多级性与多样性在世界没有先例。巨量的相对原始的产品与服务有待供给侧改革，进行价值创新。

可持续也在迭代。传统以市场为导向的竞争思路，已经显现疲态。商业端的竞争永远存在，但人们认知中选择的边界越来越融合。品牌的"圈地运动"可能占据资源与市场，也可能是对发展的"画地为牢"。品牌应以更长期的视角度量发展，而非在短期目标上透支，比起眼下的输赢，更应关注可持续的共生。这种共生是复杂的系统，存在于品牌与人、人与人、品牌与品牌的多元关系之中。

用户体验,只是体验的一部分

用户体验(User Experience)开始进入大众视野,是在 2010 年前后。互联网巨头与众多创业公司共同提高对用户的重视,推进对产品体验的改善。这个时期,国内对用户体验的理解主要体现在数字产品的设计上,用户体验设计(User Experience Design,简称 UED)概念涌现并越发流行。时至今日,大家越来越少提及用户体验设计,同时也已经发现打造用户体验不能仅仅通过设计,数字产品的体验只是影响商业成功的因素之一而非全部,需要以更广阔整体的视角审视,这样更有利于解决体验经济中的复杂问题。

体验的意义在变化的同时,"用户"一词也无法涵盖所有人。除了产品使用者,人还有多重角色。人与品牌直接接触时,可能是"沟通对象""受众""购买者""用户";人与人直接接触时,可能是"分享者""跟随者"等等。每个角色都有相应的体验。以母婴儿童行业为例,孩子是使用者,家长是跟随者或购买者,老师或者其他家长是影响者。

体验经济中,体验对于商业的作用与价值,也在不断迭代并延伸。我创办的唐硕咨询集团,最开始是一家"用户体验研究与设计"公司,提供用户研究服务的同时开始与各手机品牌广泛合作,参与或主导 ROM 或界面的设计。2011 年—2015 年,公司性质迭代为"用户体验设计与咨询",开始具有咨询属性,提供从产品与服务规划到概念与详细设计的服务,招商银行、秒拍、洲际酒店集团、芝麻信用、E 人 E 本都是那个时期的合作品牌。2016年至今,公司性质再次迭代,率先开创了"体验咨询",开始为安利、威马、万科、瑞安、人民日报等品牌提供以体验驱动的品牌升级、数字化转型等咨询服务。

"用户体验"的提出者唐纳德·诺曼,是我的师长与老友。2019年5月我们曾经面对面深入交流对体验与体验经济的最新看法。他也认为,随着人群加速多元化与复杂化,用户体验的含义与范围也在不断延展。人们会越来越注重有价值的体验。关注价值创造与价值沟通,才能与核心人群建立长久的有效连接。以体验整合上下游多维度资源(产品、服务、营销、运营、制造……),能够价值最大化地整体赋能品牌。

体验经济的重心是人,这是和过往最大的差异,这种差异正在重塑未来的商业发展。体验思维在体验经济中具有原生优势,在认知升级的基础上,品牌运用体验思维能够以人为本地创造可持续的价值。商业创新没有穷尽,未来必将充满丰富而触动人心的体验,让我们以体验思维共同探索未来的无限可能。

2020年4月

测试题

测一测你对体验思维了解多少

1. 对企业未来的发展,你更关注下列哪个命题?
   A. 聚焦产品,如何不断迭代打磨
   B. 整体提升,如何以广泛的服务塑造品牌

2. 下列两个问题,你认为哪个更接近商业的核心?
   A. 谁在购买我的产品,如何达成更多交易
   B. 谁是我的核心人群,如何为之带来有价值的体验

3. 下列两种方式,哪种更接近你对品牌核心人群的了解?
   A. 性别、年龄、地域、职业、购买力、媒介使用
   B. 价值观、生活方式、动机、场景

4. 下列两种状态,哪种能为你带来更好的体验?
   A. 方便、易用、美观、漂亮
   B. 改善、解决、连接、意义

5. 你的品牌体验令人们满意吗，给自己打多少分（满分100分）？
   A．80分或以上
   B．80分以下

如果你的答案中有三个及以上选A，本书将刷新甚至颠覆你的认知。对体验思维以及体验思维所带来的价值，你会拥有全新的了解。

如果你的答案中有三个及以上选B，本书将精进你的认知。你会进一步了解体验思维与自己品牌的关系以及这背后的原因，同时清楚如何开展以体验思维为驱动的商业创新。

目 录

推荐序1　体验思维，始于商业却不止于商业　黄晶生　/ V
推荐序2　执"体验"之矛，开疆辟土　娄永琪　/ XI
前　　言　体验思维，商业创新的顶层思路　/ XV
测 试 题　测一测你对体验思维了解多少　/ XXI

第 1 章　体验经济中的认知迭代　/ 001

问题不可能由导致这种问题的思维方式来解决。
——阿尔伯特·爱因斯坦

商业创新聚焦三个维度　/ 003
从传统经济观向体验经济观跃迁　/ 013
体验思维，三个维度的认知迭代　/ 024
体验思维先行者 | 小罐茶，以颠覆性体验重塑中国茶　/ 034

第 2 章　人，从消费者到共建者 / 051

> 万变不离其宗。
> ——《荀子·儒效》和《庄子·天下》

聚焦商业变化的本源 / 053

理想体验，不断超出预期 / 062

从场景到旅程，深度理解核心人群 / 074

体验思维先行者 | 芝麻信用，以体验驱动信用普惠 / 085

第 3 章　价值，从产品交易到品牌服务 / 103

> 每个人都将自身所感知的范围当作这个世界。
> ——亚瑟·叔本华

品牌价值的感知升级 / 105

打造 360° 整体体验，全局塑造品牌 / 114

品牌长期主义，以体验战略持续创造价值 / 122

体验思维先行者 | 招商银行，开创金融体验新时代 / 133

第 4 章　可持续，从供需关系到共生系统 / 155

> 比输赢更重要的，是共生。
> ——陈春花

品牌与人，双向互动共同成长 / 157

人与人，分享体验成就口碑 / 166
品牌与品牌，跨界赋能多维共生 / 176
体验思维先行者 | 威马汽车，重新定义人、车、城市的关系 / 184

第 5 章　数字化转型，技术赋能体验升级 / 201

成功实现数字化转型的企业，就像毛毛虫变成了一只蝴蝶。
—— 乔治·韦斯特曼

顶层架构，体验驱动数字化转型 / 203
必经之路，企业数字化转型三阶段 / 213
体验思维先行者 | 安利，数字化转型带来新增长 / 221

第 6 章　以体验思维的视角审视未来机遇 / 243

道阻且长，行则将至。
——《诗经·蒹葭》和《荀子·修身》

新人群，00后带来商业新启示 / 245
新趋势，5G技术打开商业新蓝海 / 256

后　记　商业创新的体验之路 / 267
致　谢　/ 271

第1章

体验经济中的认知迭代

商业创新聚焦三个维度 / 003

从传统经济观向体验经济观跃迁 / 013

体验思维,三个维度的认知迭代 / 024

体验思维先行者｜小罐茶,以颠覆性体验重塑中国茶 / 034

商业创新聚焦三个维度

2000年，
体验经济在中国开始蓬勃发展。
20年后，
中国人的体验大幅改善，体验经济中的商业创新也惊艳了世界。

未来，如何持续创新？
让我们以新思路，不断发现新可能。
为不变的问题，找到最新的答案。

人、价值、可持续，三大关键维度

如果商业创新存在一条原则，应当是聚焦核心问题，寻找最新答案。商业创新的核心问题集中在人、价值、可持续这三个关键维度。这些问题历久弥新，不随时代的演进而改变。商业创新的过程，就是不断探索这些核心问题，在持续迭代中寻找答案的过程。

关键维度一：人

核心问题：谁是我的核心人群？
人在发生哪些变化，为什么？

这两个问题从商业存在的第一天就已出现了，但大多数时候，我们对这两个问题的重视程度并不够，有时甚至将其曲解。中国的体验经济已经证明，尊重人、理解人、满足人的企业比忽视人、臆断人、利用人的企业更容易获得成功。对人切实而深入的关注，将令品牌乃至行业看清未来商业创新的趋势与机会。

以方便面行业为例。2014年之前的整整21年，方便面行业蒸蒸日上，持续增长。2014—2017年，整个行业不断滑坡，4年时间，中国人少吃了225.6亿包方便面。现象之下的本质原因是，人变了，人们食用方便面的场景变了。过去人们乘绿皮火车从北京到上海，需要15～20个小时，中途来桶方便面是很自然的选择。现在乘高铁只要4～5个小时，人们完全可以下车后再吃饭。过去人们加班熬夜喜欢泡一桶方便面当消夜，现在点外卖成了人们的默认选择，甚至北上广深不少白领的工作日三餐都是外卖。

当人们以为方便面行业会如此没落下去时，2018 年却出现了扭转的趋势，方便面行业的整体收益比 2017 年增长了 4.5%。背后的原因是：方便面品牌再次聚焦了核心人群，深度理解了人的变化，进而升级了自身。当实物和包装照片越来越一致时，越来越多的人开始再次选择方便面。具有代表性的是该行业龙头康师傅，2018 年该公司的方便面业务实现收益 239.17 亿元，同比 2017 年增长 5.73%。

总体而言，方便面行业 2014—2017 年的滑坡，源于对核心人群与场景的改变缺乏理解与洞察。2018 年出现的回暖，则是因为头部品牌对核心人群的重新定位，满足了人们在新场景下的新需求。这证明了人是商业创新的关键维度，也是一切商业变化的本源。理解人性本身，洞悉人们在社会结构、阶级跃迁、圈层生活等方方面面的变化，是商业创新的原点。

关键维度二：价值

核心问题：人们需要我提供什么价值？
　　　　　我提供的价值，与同业相比差异性在哪？

站在更长的时间刻度上，消费一直在升级中不断分化，商业发展一直在刷新价值满足。一方面，商业创新不断探索先锋人群的需求，进而将其普惠化；另一方面，大众整体的价值需求也在随之变化。近 20 年来,由先锋人群引领的大众价值需求更迭,经历了好用、好看、更好地解决问题、意义与关系四个阶段。与之对应,商业价值的递进也包括这四个阶段(见图1-1)。

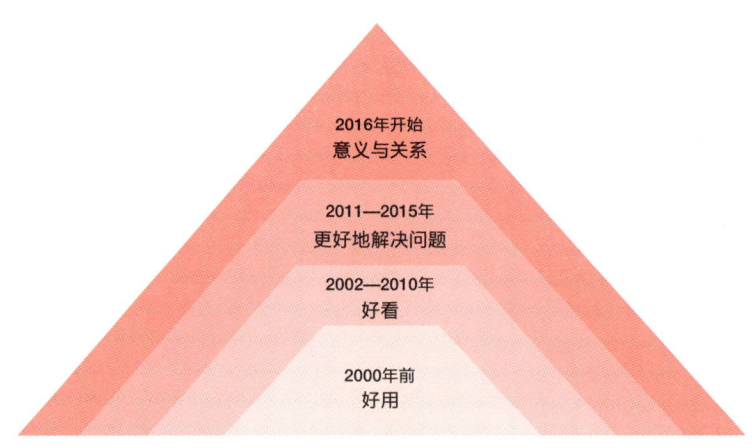

图1-1 商业价值的传承与递进

好用:2000年前,价值集中于实体产品的可用性与易用性。彼时个人计算机(PC)尚未普及,互联网公司仍处于萌芽阶段。同业间的价值差异在于,人们是否觉得你的产品比其他的更好用,或者你是否创建了一个对人们有用的品类。

"去屑"的洗发水海飞丝、"驱蚊"的花露水六神,类似的产品与品牌不断崛起。即使现在，人们对某些产品的需求仍旧集中在好用上，对其他方面的变化并不敏感，比如空调，"掌握核心科技"的格力仍旧领跑整个行业。

好看：2002—2010年，价值集中于实体与数字产品的视觉观感上。PC与互联网蓬勃发展，大家获取信息的能力大幅提升。面对海量的产品与品牌，人们基于好用开始追求好看，优化视觉观感成了商家让消费者快速对产品与品牌建立认知的手段。

早期的审美较为单调，抄袭仿制现象也相对普遍，彼时常见类似的品牌、商品、店铺、网站，2008年更有"山寨元年"的戏称。如今，创新替代了"山寨"，消费人群不断分化，人们的审美更加多元而垂直，视觉观感也越发重要——"美即好""颜值即正义"，诸多品牌以颜值取胜：桃园眷村重新定义了早餐店，无印良品以"性冷淡"的设计风格俘获了一众青睐者，野兽派花店打造"莫奈花园"作为镇店之作。

更好地解决问题：2011—2015年，价值转向解决问题的能力，中国几乎所有的行业都在被颠覆。随着智能手机、移动互联网的发展，国人的体验被不断刷新。面对问题，大家希望收获比以往效果更佳、效率更高、成本更低的解决方案。

O2O成了那几年的"神器"，各种O2O模式发展得轰轰烈烈、如火如荼。靠补贴"烧"出来的体验与用户无法维系，简单的线上线下对接难以形成复杂闭环。终局过后,白骨累累,模式化的解决方案并非可行之道。相反,那些真正聚焦人,给问题带来整体改善的品牌才取得了成功:微信让短信沦为接收广告短信的工具,余额宝给银行敲响了数字金融的警钟,滴滴整合了出租车的运营方式并给人们提供了更多出行选择。

意义与关系:2016年后,价值的核心进一步升级,人们更看重品牌与自己的关系。比起好看、好用、更好地解决问题,大家开始在乎"品牌如何看待我""品牌的三观和我搭吗"。越来越多的人在追求意义与关系。

与核心人群产生价值共鸣,乃至与人们共同成长,这是小众品牌在近几年涌现和迅猛发展的原因。网易严选的"好生活,没那么贵"、花点时间的"对热爱生活的认同"、江小白的"我有一瓶酒,有话对你说",都在满足人们对意义与关系的追求。相比之下,麦当劳、屈臣氏、沃尔玛等传统国际大品牌,2015年左右在中国开始遭遇连续的业绩下滑,品牌升级与转型迫在眉睫。

20年间,从好用,到好看,到更好地解决问题,再到意义与关系,人们的需求越来越多元,升级速度也越来越快。每种需求的满足,每种价值的创造,都在成为品牌刷新商业格局的基石。每个人都希望,在支付得起的范围内,为自己创建更加丰富美好的世界。如果一个企业,始终如一以满足人们不断迭代的价值需求为目标,这个品牌必将收获令人瞩目的商业成功。

关键维度三：可持续

核心问题：人们如何持续感知价值？
品牌如何才能持续增长，实现可持续发展？

可感知的价值，才是价值。"感知品牌"由人们对品牌的体验组成。以生鲜新零售品牌为例，如果你在手机 App（应用程序）中下单后，30 分钟内就收到了新鲜的食材，你的体验就很好；如果你在门店购物用餐，排队很长、等待很久，你的体验就很糟。这些或好或糟的体验，加加减减的结果，就是你对这个生鲜新零售品牌的感知，也就是感知品牌。比起企业战略会议中规划的品牌，感知品牌才是品牌的真实存在。

人们对于品牌的感知，来源于以多元角色与品牌进行的持续互动。品牌与人相互认同，共同成长，对双方来说都是持续受益的过程，也是品牌实现可持续发展的必然途径。举例来说，小米品牌就一直在与"米粉"共同成长，从手机到智能家居，再到母婴与宠物用品等等，涵盖衣、食、住、行各个方面。在"米粉"人生的各个阶段，小米为大家持续创造更多的价值。与此同时，"米粉"也在与小米保持活跃的互动，"米粉"不仅是消费者，也扮演着反馈、分享、为产品和服务提供改进建议的角色，成为品牌的共建者。

随着品牌为人持续创造价值，人与品牌不断良性互动，人与品牌的关系将正向成长，从陌生人到熟人，从熟人到友人，乃至到家人。企业可以基于对人的理解与对变化的洞察，不断创造可感知的价值，完成人与品牌、人与人以及品牌与品牌的全局关系整合，达成更加可持续的发展。

对商业创新的先锋探索

过去，在经济与商业理念上，西方一直引领着东方。大师们的思想如星河般耀眼：1776年亚当·斯密（Adam Smith）的"看不见的手"，1912年约瑟夫·熊彼特（Joseph Alois Schumpeter）的"企业家创新"，1936年约翰·梅纳德·凯恩斯（John Maynard Keynes）的"看得见的手"，1997年克莱顿·克里斯坦森（Clayton Christensen）的"颠覆式创新"。但是，今天的中国经济开始具有先锋性与代表性，成为其他国家借鉴的参照。我们逐渐发现，我们所遇到的问题，越来越没有先例。西方研究者的理念，越来越难以将中国的商业创新之路照得更亮。我们不能再"在灯下找钥匙"，而是要成为引领者，在特有的经济环境中探索前行，对大量事实进行提炼归纳或者抽象演绎，提炼出指导自身商业发展的理念。

中国经济近年的发展速度，举世罕见。据国家统计局数据，1998—2008年，中国超过4亿人从乡村来到城镇生活，相当于英国人口总数的6倍。2008—2018年，全国居民人均可支配收入翻了1倍。在不断获得新财富的同时，中国人的消费能力也在不断提升。2018年中国公民海外旅游消费排名世界第一，达2773亿美元，比第二名美国（1440亿美元）和第三名德国（940亿美元）加起来还多。2013—2018年中国对世界经济增长的贡献连续五年达到30%左右，一直位居世界第一。

宏观经济地位不断提高的同时，中国各种具体的商业创新也领先世界，不断刷新着人们的体验。高铁、移动支付、共享单车、网购被称为"新四大发明"。从2015年开始，越来越多的中国人出门已经不再携带钱包。现在几乎所有地方、所有人，都接受移动支付，从高端购物中心到市井小摊，从三甲医院收费处到流浪艺人，从上海陆家嘴到新疆巴音郭楞蒙古自治州的沙漠公路，你都可以使用移动支付。中国率先步入无现金社会，带来更方便、更安全、更高效、更环保的普惠。

身处改变之中，大家对一切越来越习以为常，外国朋友的感知更为明显。美国商业内幕网站（Business Insider）曾于2018年9月22日发文《我在中国逗留6周，有5件事中国绝对比美国好》，呈现了记者哈里森·雅各布斯（Harrison Jacobs）对中国普通人生活便利与美好的感叹。

与此同时，我们也正身处极大的复杂性中，大量的模糊性与不确定性同时存在。相应的话题、讨论，甚至争议都持续不断。据国家统计局数据，2018年我国创下"最高GDP"与"最低增速"：GDP达90万亿元，创历史最高；比2017年增长6.6%，达近28年来增长率最低。2018年中国人购买了价值1457亿美元的奢侈品，排世界第一，占全球奢侈品市场的42%,同年,拼多多年度活跃买家数已达4.185亿。

如何在未来的复杂性中,不断进行商业创新?我们需要不断聚焦人、价值、可持续这三大关键维度,对核心问题的答案进一步认知迭代。

从传统经济观向体验经济观跃迁

我们如何认知世界?
我们的记忆从何而来?
我们如何判断体验的好与坏?

我们一生拥有无数体验,
也被这些体验所塑造。
身处体验经济之中,我们的体验与经济息息相关。

体验,认知世界的根本途径

认知,源于体验

体验到底是什么?体验,是我们在经历中的感受与发现,是我们认知世界的根本途径。

我们的认知在被体验直接改变。从出生到死亡，我们始终在通过五感（视觉、听觉、嗅觉、味觉、触觉）感知世界，建立认知。幼年时期，我们第一次意识到"热"，可能是在第一次吐出烫嘴的食物时，可能是在第一次浑身出汗时，可能是在第一次靠近火时……在这些层出不穷的体验中，我们对"热"的认知不断更新，不断丰富。

我们的认知也在被体验间接改变。在成长中，除了直接感知外，我们开始不断接收、处理外界分享的体验。这些体验输入包括口碑、共识与知识。你的好朋友光顾了一家你没有去过的餐厅，他们的评价将影响甚至决定你对那家餐厅的认知；即使你从未使用过苹果手机，你可能也会认为苹果公司在消费电子领域进行了一系列影响行业至今的开创性创新，因为这是相当多人的共识；通过学习，你掌握了不少定律、定理、公理、原则，比如牛顿的万有引力定律，即使你无法亲身见证这些前人对自身体验的探索与总结。

无论直接还是间接，我们对世界的认知都来自体验。我们对品牌的体验，绝大部分源自或基于品牌所提供的服务和产品，而商业推动社会发展的主要方式也正是不断给人们带来新的体验。随着互联技术[①]与智能设备的普及和升级，几乎每一刻，我们的体验都越发丰富，认知都在不断刷新。

---

① 互联技术：对互联网、移动互联网、物联网的统称。

记忆，来自关键体验时刻

"还记得你的初恋吗？"这个问题令人泛起回忆，可能回忆起第一次的相遇，或是确立关系的表白，抑或是最激烈的争吵。一段感情旅程中，那些我们体验到特别喜悦与悲伤的时刻，令人无法忘记。这些少数的让我们印象深刻的体验时刻，正是"关键体验时刻"。这些令人印象深刻的关键体验时刻组成了我们的记忆。

关键体验时刻分为两大类：巅峰时刻与谷底时刻。巅峰和谷底是相对而言的，同时需要基于一个跨度来看。

纵览整个人生，北宋汪洙[①]对巅峰时刻的概括令我们耳熟能详"人生四大喜：久旱逢甘霖，他乡遇故知，洞房花烛夜，金榜题名时。"后人对谷底时刻的总结也十分到位"人生三大悲：少年丧父，中年丧偶，老年丧子。"

再以一顿饭为例，你得知朋友去一家"网红"餐厅吃饭，会兴致勃勃地问他："体验怎么样？"他娓娓道来："环境确实精致，随手拍照都能发朋友圈；但是排队太久，服务员忙不过来，不理人。"这就是他在一顿饭的时间中的巅峰时刻和谷底时刻。关键体验时刻构成了他对这家餐厅的记忆和印象。

---

① 汪洙：字德温，北宋晚期人。汪洙 9 岁时即赋诗，有"神童"之佳称。

围绕某个目标，人们在不同的场景跨度中，生成了不同的体验，这些体验关联起来构成了人们的"体验旅程"。巅峰时刻和谷底时刻正是体验旅程中少数且关键的时刻。仍旧以一顿饭为例，在你居住的社区周围，你对餐厅及其菜品谙熟于心；如果你出差，就需要向当地朋友求助，或者从大众点评上搜索心仪的馆子。场景不同，两者的体验旅程也大相径庭。

每个品牌都希望顾客对自己印象深刻，过往大多发力于营销传播，未来则应当更加深入地理解、规划、完善顾客的体验旅程，注重关键体验时刻，集中资源为顾客创造惊喜的巅峰时刻，同时减少谷底时刻。

体验，与预期紧密相关

面对体验，我们往往会有好或坏的判定。这种对体验的判定究竟源自哪里呢，其实是从预期与体验的差值中来的。

较高的预期，容易令我们的体验变差。以电影《流浪地球》为例。如果在你观影之前，几个看过《流浪地球》的好友纷纷和你感叹"刘慈欣的作品，史无前例的恢宏，特效极其震撼"，那么你对这部电影的预期就可能由此升高。因为升高的预期，等你自己看完电影后，你就更容易产生"盛名之下，其实难副"的感受，也许会觉得"确实有进步，但和好莱坞电影还存在差距"。

较低的预期之下，我们容易收获更佳的体验。如果你在社交媒体或者购票平台，看到大量"太空版《战狼》，设定反科学，CG（Computer Graphics，计算机动画）效果不佳、光晕生硬"的评价，你的预期就会被拉低，也就更可能在现场收获"进步显著，场面震撼，称得上中国硬科幻开山之作"的体验。

人们在收获体验的同时，也在对未来的体验产生预期，水涨船高，永无止境。这是品牌一直面临的命题，也是商业创新的环境背景。人与品牌接触所生成的体验并非越极致越好，更加整体地看待、理解、规划品牌所带来的体验，就更容易管理人们的预期，同时不断带来更好的体验。

体验经济，跃迁的经济观

当我们越来越注重提升自己的体验时，当品牌与商业的重心回归于人时，经济环境就在发生整体演进，迎来体验经济。农业经济、工业经济、服务经济，这三个经济发展阶段的重心在行业与品牌，而体验经济的重心在人，即为人们创造丰富而有价值的体验。这与我们每个人直接相关。

体验经济在1998年由B.约瑟夫·派恩与詹姆斯·H.吉尔摩联合提出，文章发表在《哈佛商业评论》美国版杂志，次年二人出版《体验经济》一书。《体验经济》将经济发展分为四个阶段：农业经济、工业经济、服务经济、体验经济。下面，我们就进一步看看体验经济在中国的发展。

体验经济在中国与美国的发展，已经产生了明显的差异。中国的体验经济在全世界范围开始具有先锋性与代表性。随着国家综合实力的不断提升、智能设备与互联技术的普及与升级，中国人的切身体验在被不断改善和刷新。这也是我们可以总结并向外输出的基础。

下面我们进一步看看服务经济与体验经济的状态。2001年，我们进入服务经济时代，服务经济对GDP贡献率为48.22%，工业经济对GDP贡献率为46.7%，服务经济对GDP的贡献率首次超越工业经济。2015年，服务经济达到巅峰状态，对GDP的贡献率稳定超过50%。各地经济结构不同，经济进程也相应不同。据国家统计局数据，上海早在1999年服务经济产值就超过了工业经济，而直到2018年，陕西省的经济发展仍由工业经济主导（见图1-2）。

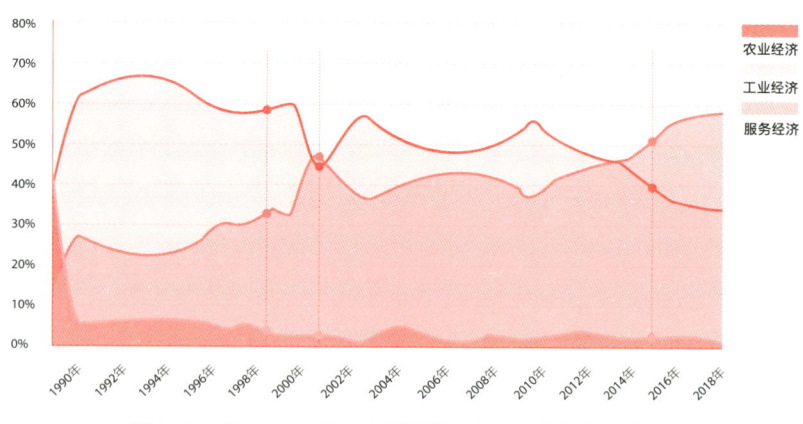

图1-2　1990—2018年三大经济形态对GDP增长的贡献占比

中国的体验经济时代,几乎与服务经济时代同时开启。2000年前后,最早一批投身互联网的创业者,拥抱新技术,怀揣着为广大用户创造价值的愿景开始了征途。互联网与移动互联网颠覆了人与人、人与世界的连接方式。物质和其他基础需求得到满足的中国人,希望在更开放的天地中收获更美好的体验。现在越来越多的人投身体验经济,如果你以体验经济观来创造价值,你就已经位列其中。体验经济,与之前所有的经济形态都不同,其本质是经济观的跃迁。传统经济观与体验经济观的对比如图1-3所示。

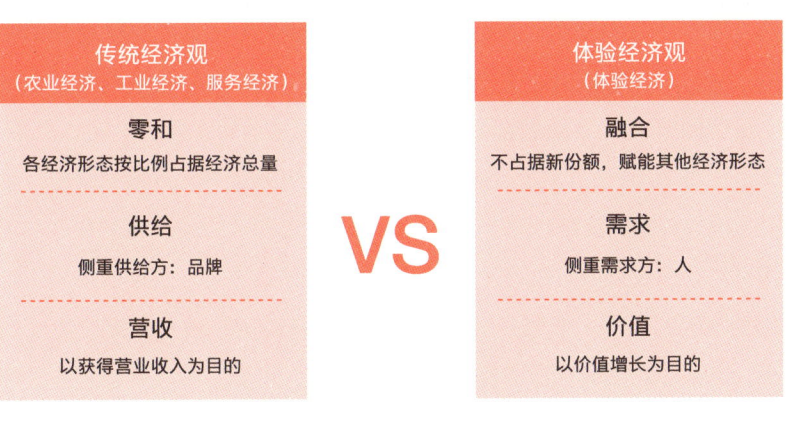

图1-3 传统经济观与体验经济观的对比

融合,而非零和

体验经济不在经济总量中占据新份额,不会削弱或消灭其他经济形态,而是赋能所有经济形态,使其相融相生,使整体经济在时代的多变性与不确定性中蓬勃向前。农业经济、工业经济、服务经济的升级主要体现在生产方式与产出物上,三者在经济总量中各占比例,同时此消彼长。据国家统计局数据,2018年农业经济、工业经济、服务经济对GDP的贡献率分别为7.2%、40.7%、52.2%,而1999年,三者分别为5.6%、56.9%、37.4%。

随着体验的整合,人们将在相互关联的多个场景中收获更好的体验,有产品、有服务、有数字、有实体,你中有我,我中有你。举个生活中的例子:今天你肠胃不适,午休前通过外卖App点了粥和小菜。骑手小哥30分钟后将餐品送到,粥是餐馆用东北五常大米熬制的,小菜是虎邦辣酱和涪陵榨菜。热粥下肚,看着餐馆大叔给你写的便签"工作再忙,也要照顾好自己",你整个人都舒服了许多。这件事情属于什么经济呢?五常大米属于农业经济,虎邦辣酱和涪陵榨菜属于工业经济,餐饮和外卖属于服务经济,"工作再忙,也要照顾好自己"的关怀将它们有机整合起来,带给你"整个人都舒服了许多"的体验,这个最为重要。人是体验经济的根本。

竞争，从供给端转向需求端

近来，使传统行业品牌大幅受挫的并非同业竞品，而是新体验的提供者。就如同科幻著作《三体》中的金句"我消灭你，与你无关"，这种挫败感甚至扩散到整个商业领域：使康师傅销量锐减的不是统一，而是饿了么、美团；使尼康关闭工厂的不是佳能，而是苹果、华为；是共享单车让修车师傅失业，是支付宝、微信沉重打击了假币。

竞争的定义正从供给端转向需求端，原有的竞争格局已经被颠覆。体验经济中是否构成竞争，关键看人们所需的体验是否可被替代或者替代程度。

瑞幸与星巴克，以传统经济观来看，两者都是一家一家地开店，一杯一杯地卖咖啡，确属针锋相对的竞争对手。但以体验经济观来看，两者并非在正面竞争。星巴克主打"第三空间"，提供介于家与公司之间的整体体验，所以你既可以看到人们在星巴克会客、办公，也可以见到大家在聊天、做功课。瑞幸则以外带咖啡体验为主，截至2018年底，在瑞幸2073家直营门店中，90%门店的61%的顾客到店自提咖啡。从消费者的购买动机和行为上看，可能7-11咖啡或者全家的湃客咖啡才是瑞幸的竞争者。所以，你不会看到瑞幸和星巴克双方有任何针对性的竞争举措。

价值，打破原有天花板

价值并非在体验经济中才被关注，只是在传统经济将本求利的语境下，价值更多被定义为成本与营业收入。体验经济的价值观，是在品牌与人互动时，通过有意义的体验，建立属于彼此的特别关系。体验经济中的价值总量与体验的多样性，远超传统经济。

有些行业，顾客对多元体验的敏感度低，价值天花板就更易预见。以空调为例，据国家信息中心发布的《2018年家用空调市场分析报告》，2018年我国全国空调出货量为5703万台，同比增长1.6%，整个行业趋于饱和。我们可以想象这个市场的未来上限，当中国的每个房间里都安装了空调时，这个行业就会开始走下坡路。

相反，在人们对体验高度敏感的行业，价值创造每每不断超出预期。迪士尼公司是一家以打造美好体验为愿景的文化娱乐公司。2019年3月其市值为1713亿美元，远低于互联网巨头阿里巴巴的4691亿美元。但迪士尼公司2018年的营业收入与利润却远超阿里巴巴。据迪士尼与阿里巴巴的财报，迪士尼2018的财年收入与利润分别约为594.3亿美元与126亿美元，阿里巴巴则是372.8亿美元与91.5亿美元。

体验经济所创造的价值更多元，影响乃至决定着我们生活的方方面面。传音手机称霸非洲，因为它让非洲朋友收获了清晰美颜的拍照体验；面对同等价格与品质的家具，你可能会因为喜欢亲手组装家具的参与感而选择宜家家具；航班落地后旅客取行李的路径越来越长，其实是机场在变相缓解旅客等待的焦虑。

体验是我们认知世界的根本途径，也是我们预期未来的动态基础。那些令我们记忆犹新的体验，组成了我们的记忆。体验经济在不断赋能农业经济、工业经济、服务经济，使其相融相生。如何在体验经济中不断进行商业创新，持续为人们带来美好而有价值的体验，需要我们进一步深入思考。

体验思维,三个维度的认知迭代

中国的体验经济,
已在世界范围具有先锋性与代表性。
体验经济中的商业创新,
需要独辟蹊径的新思路与新可能。

体验经济是体验思维的土壤,
体验思维是体验经济中商业创新的认知迭代。

引领创新,不同思维异彩纷呈

定位理论,以"心智"为战场的商业英雄

1972年,艾·里斯(Al Ries)与杰克·特劳特(Jack Trout)在《广告时代》(*Advertising Age*)刊登了一系列关于营销和广告新思维

的文章,名为《定位时代的来临》(The Positioning Era Cometh)。这一系列文章以及1981年出版的《定位》(Positioning)一书,开创了营销史上著名的"定位理论",随后多年不断有相关的文章与书籍问世。在那个高度工业化、商品繁多的时代,以抢占消费者心智为核心理念的定位理论逐渐丰满,定位咨询也已成为一个细分的咨询品类。

毫无疑问,定位理论是商业领域的英雄,它甚至永久地改变了我们对品牌的思考方式。在商品繁杂的时代,七喜汽水("不含咖啡因的非可乐")、泰诺(定位竞争对手阿司匹林为"会刺激胃黏膜的止痛药")、西南航空("单一航级"的航空品牌)等都以定位理论来规划自己的品牌,从而获得进一步成功;国内品牌长城汽车("中国SUV全球领导者")、瓜子二手车("没有中间商赚差价的二手车直卖网")等,也从定位理论中获益,成了各自领域的佼佼者。定位理论影响了包括中国在内的许多国家,特别是中国传统行业的决策者和管理者们,对定位理论认同者众多,笃信者不少。

过去品牌的定位,主要依靠营销发力;现在品牌的定位,不但需要品牌内各个角色齐心协力,而且需要品牌更充分地与人接触,通过多元互动建立并维护与人的关系。营销在体验经济中的位置与作用已经发生了改变。亚马逊创始人兼CEO杰夫·贝佐斯(Jeff Bezos)曾道:"在旧的世界里,你用30%的时间创建一种伟大的服务,用70%的时间来营销。在新的世界里,这个比例应该倒过来。"

营销的三大基石——媒体、渠道、人，在体验经济中剧烈变化，特别是人。过去10年，中国人发生了前所未有的改变。这种改变不但体现在行为与习惯上，更彰显在对品牌的话语权乃至定义权上。越来越多的人，在消费品牌的同时也在共建品牌。人们渴望与品牌形成双向互动关系，而非传统地、单向地接受品牌端的传达。人们越来越需要被尊重、被理解、被满足。

定位理论本身也在改变，希望定位理论基于"占据心智"进一步升级。商业将不再围绕产品的"成交"，而是侧重于持续为人们创造可感知的价值。

设计思维，探索创新的普适方法

设计思维作为一套探索创新的普适方法，近年来愈发流行。不仅是商业领域的创新，几乎所有领域的创新都可以应用它。不仅是设计师，医生、律师、警察、工人和农民都可以应用设计思维进行创新。使创新得以普及且有流程可循，这是"设计思维"的最大价值。

设计思维没有特别明确的提出者，而是由许多人推动演进而来的。设计思维分为五大步骤：共情、定义、设想、原型、测试（见图1-4）。共情，即以同理心设身处地理解人们的感受与需求；定义，即综合人们的感受与需求，梳理提炼核心问题；设想，即通过头脑风暴等创新工具，发散思维并思考问题的创新解决方案；原型，即将可能的创新解决方案快速制作成可感知的产品或模型；测试，即将原型在使用场景中进行试验，并对反馈结果进行评估。

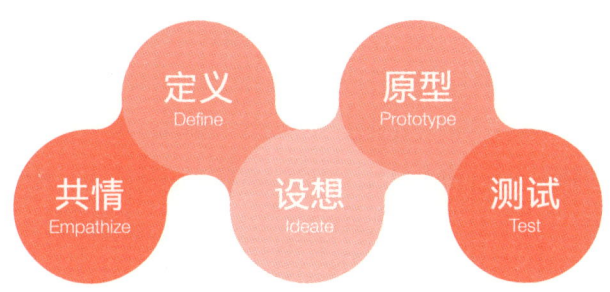

图1-4　设计思维的五大步骤

敏捷迭代、以人为中心的设计、多角色共创是设计思维的三大特质。

敏捷迭代是将设计思维的五大步骤快速精确地循环，不断调整方案并优化产出。创新越来越难以一蹴而就，需要通过流程快速持续推动并且调整。围绕人的需求与动机进行设计，是设计思维的原则。多角色共创则在凝结更多人的智慧，大家互相交流碰撞，为了一致的目标共同发力。多角色共创不仅聚集了不同部门（产品部、市场部、销售部、运营部等）不同层级的人（决策者、管理者、执行者），也包括了现有或潜在的用户或顾客，以及各类外部专家。

设计思维在探索更好的问题解决方案,是一个完整的创新流程。这意味着设计思维提高了创新的平均效率,保障了创新的平均水准。因为创新不是逻辑推导,不同的人应用同一套方法,产出会大相径庭。人们在设计思维的指导下,更易收获有质量的创新,但不是卓越的创新。

硬币有两面,相对于普适性的另一面是针对性的缺失,设计思维难以解决复杂的商业问题。当面对复杂的问题,特别是商业、技术等因素错综交融时,设计思维往往难以准确切入,无法保障所定义问题的核心程度。比起规划品牌战略,设计思维在帮助品牌改造或打造产品方面能发挥更大的效用。

这里也谈一下服务设计。服务设计作为一种更立足于全局的创新方法,一定程度上对设计思维形成了补充,以更高的视角对服务与流程进行创新。目前服务设计被逐渐应用于商业实践中,更多集中在学术与公共服务领域。服务设计发展缓慢的原因,主要是受制于商业的复杂性。越是立足于全局,实际影响创新结果的因素也就越多。举行主题工作坊确实能够带来新鲜的输入与刺激,这是服务设计与设计思维的一种方式。商业创新则更需要适应复杂性的规划以及有秩序地整体落地。

体验思维,以人为本驱动价值持续增长

本书带来了我对体验思维的提炼与总结,也分享了我投身体验行业16年来的经验与反思。

体验经济是经济观的跃迁。我们在体验经济中面临的最大问题，不在操作方法上，而在顶层思路上。顶层思路的更新，使我们在看待与推动商业创新上拥有了新方向。体验经济孕育了体验思维，正如过去每个发展阶段都会产生相应的原则理念一样。体验思维，是体验经济中商业创新的认知迭代，是品牌创新的顶层思路。

人、价值、可持续是商业创新的三大关键维度。体验思维明确了体验经济中，这三个维度上的认知迭代：人不再只是消费者，且已成为品牌的共建者；价值不再局限于产品交易，而是侧重于品牌服务；可持续不再停留于供需关系，而是产生于整个共生系统（见图1-5）。

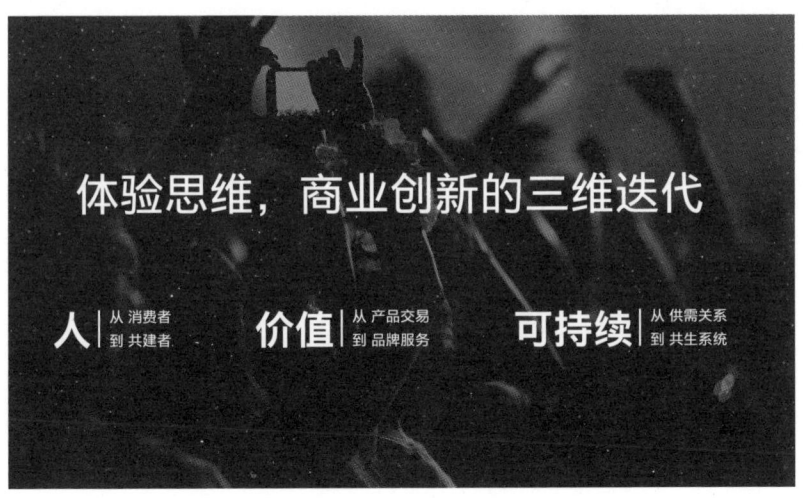

图1-5 体验思维，对人、价值、可持续的认知迭代

人,从消费者到共建者

除了买和用,人们正在探求商品和服务的进一步价值。所有人都是消费者,从前是,现在是,未来也将是。购买、使用商品或者接受服务的人,这是对"消费者"的定义。但买和用对消费者真的足够了吗?答案是否定的,买和用越来越降级为基础。

每个圈层的每类人群,都越发追求属于自己的共鸣、意义与认同感,这一切将在人与品牌的互动中产生,而整个互动的过程,就是品牌与人共建的过程。品牌共建有两种方式:参与打造体验、分享体验。

参与打造体验,数字化的蓬勃发展使得人们可以渗透式地参与整个过程。人们在影响、决定产品和服务的发展的同时,也沉浸和享受其中。从手机系统(小米 MIUI),到潮鞋(NIKEiD),乃至明星偶像(《创造 101》)的创造过程中都可以看到大众的参与。关注《创造 101》中的偶像,你可以见证其成长的整个过程。即使远隔千里,你也能够通过网络平台的投票与应援深度参与其中,影响甚至改变结果。火箭少女正是如此被创造出来的。

分享体验,由三部分组成:人与人的口碑相传、媒体的评测评价、品牌的官方发布。特别是人与人的口碑相传,其能量与作用已经远超后两者。回想下最近半年,你为何关注或选择一个品牌,以及为何冷落或放弃一个品牌?是否与你和同伴间的闲聊、朋友圈的推文、兴趣社群的讨论或者某个博主的推文有关？由此你便可以得知口碑对于品牌的重要程度。

价值，从产品交易到品牌服务

"人们需要的不是电钻，而是墙上的洞。"
"人们需要的不是洞，而是画端正挂在墙上。"
"人们需要的不是挂好的画，而是身处房间时更加怡然惬意。"

体验经济中，人们需要的不是电钻，不是洞，不是画被挂好，而是改善自己的体验。以体验为驱动，价值的载体和价值互动方式都在发生改变。

工业经济中，产品是价值的主要载体。2001年，中国的服务经济开始显著增长；2015年，服务经济对 GDP 的贡献率开始连续超过 50%。产品能够带来的价值，主要侧重于点状的功能性满足。随着人们的需求不断变迁，品牌竞争压力快速提升，提供更加持续、多元、深入的服务是商业创新的主要方向。

体验经济中，服务已成为价值的主要载体。以我们熟悉的手机银行为例。当一个手机银行可以提供最为简单、方便的查账、转账、记账服务时，它就会成为人们最常用的银行账户管理工具。随着竞争对手对竞品的不断完善，大家在功能、效率甚至界面上的差异不断变小。人们对账户中的金钱，不再安于通过存储产生活期利息，而是希望通过理财使收益跑赢居民消费价格指数（CPI）。谁能提供丰富、安全、高收益的理财服务，就更容易受到青睐。于是"类余额宝"、基金乃至黄金买卖的服务被逐渐推出，借贷、保险等服务也相继加入。如果理财金额较大，人们还可以预约银行网点的理财经理要求面对面服务。手机银行已经从一个账户管理工具，发展成为以移动为中心的金融服务平台。

价值互动也不再围绕"成交"，品牌与人的所有接触中，都在进行价值互动。当人们真切感知并认同品牌所提供的价值时，成交自然发生。商业创新的核心问题已经从"如何将产品卖给谁"转变至"如何为谁打造有价值的体验"。

可持续，从供需关系到共生系统

品牌如何做到基业长青？需要我们跨越发展的非连续性，跳出供给与需求的周期性单元关系，构建更加多元融合的共生系统。共生系统包括品牌与人、人与人、品牌与品牌三种关系。三者基于体验的核心驱动，自身不断迭代的同时彼此交叉赋能，使整个系统可持续发展。

品牌与人的关系，我们需要从更长期与整体的视角审视。面对增长，大家常常关注"做增量还是做存量"。存量或者增量，只是企业在下个发展阶段的目标方向。着眼更长期的可持续发展，品牌与人应当彼此不断了解与互动，使关系正向发展，持续喜欢、选择乃至维护对方。更进一步，我们需要关注人与人、品牌与品牌的关系：人与人之间对体验的分享形成了口碑；品牌与品牌交融连接，快速创造了新场景与新体验。

让品牌与人形成持续的关系，这方面芝麻信用比较典型。芝麻信用赋能品牌与商户，为年轻人群提供一系列的信用生活服务，覆盖出行、住宿、通信、借贷等领域。随着年轻人逐渐步入社会与进一步成熟，如果他们信用良好，蚂蚁金服的花呗、借呗将授权其更大额度，其他金融服务的广度与深度也将进一步扩大。信用伴随人们一生，信用生活服务也将伴随人们一生。

共生系统使品牌与人长期陪伴，品牌持续积累对人的理解和洞察。人们更易不断收获并分享美好而有价值的体验。与此同时，每个品牌获客与转化的成本大幅降低，整个系统的网络效应不断放大，系统级的护城河持续加固。阿里巴巴是共生系统的代表，2018 年 8 月 8 日，阿里巴巴推出了"88VIP"计划，打通了旗下淘宝、飞猪、优酷、淘票票、饿了么、虾米多个品牌的会员体系。人们在享受不同品牌的会员权益的同时，在阿里系品牌购物可以进一步享受 9.5 折优惠（包括天猫超市、天猫奢品、国际直营、魅力惠、阿里健康、淘宝心选）。2019 年 8 月 8 日，阿里巴巴推出"阿里 88 会员节"进一步深耕共生系统。

可持续发展，是战略与价值观的选择。共生系统是基于可持续发展的思路，以体验为驱动，对品牌与人、人与人、品牌与品牌进行的深度整合。

体验思维先行者

小罐茶，
以颠覆性体验重塑中国茶

案例品牌：小罐茶

案例跨度：2016—2019 年

案例结果：3 年做到中国茶叶品牌零售额第一，2018 年零
售额超 20 亿元。

案例价值：小罐茶重新定义中国茶，打造全新行业品牌。

本案例将关注以下关键问题：

· 从战略到落地整体复盘，小罐茶有哪些关键行动？

· 现在，小罐茶正面对着什么核心问题？

· 未来，小罐茶将如何自我迭代达成可持续发展？

案例以记录与剖析的视角，呈现小罐茶从零起步至今横跨 3 年多的关键变迁，整个案例涵盖了对人的洞察、对行业的开拓、对未来的规划，力求还原品牌发展的重要节点，呈现历程背后鲜为人知的困难与挑战，同时提炼核心动因，激发更立体而多元的思考。我作为首席体验策略师带领团队与小罐茶进行战略合作，共同打造品牌的综合体验。

横空出世的颠覆者

你不一定喝过小罐茶，但你多半知道小罐茶，从"寻茶之旅"的央视广告，到新颖精致的门店，甚至微博朋友圈热议的文章，小罐茶总能吸引你的注意。

你可能不知道的是，小罐茶只用 3 年就将零售额从零做到 20 亿元，成为零售额第一的中国茶叶品牌。在历史如此悠久的行业中，小罐茶凭借颠覆性的体验快速崛起成为领头羊，在中国现代商业历史上，鲜有先例。回顾中国现代商业历史，消费在持续升级的同时不断分化。2016—2018 年是小罐茶正式推出的 3 年，也是中国对消费变化讨论最热烈的 3 年，小罐茶生逢其时。

中国茶，极度悠久却极端落后

商业创新需要起点，颠覆性的体验无法凭空而来。对既有行业充分理解，是先决性步骤。在具体展开小罐茶案例前，先让我们深度理解茶行业，洞悉中国茶不为人知的一面。

茶的历史到底有多悠久？从明代茶以清饮①作为主流消费方式起，中国茶的做法、装法、买法、喝法，本质上没有改变。4700年前的上古时期，神农氏发现茶；2600年前的春秋后期，茶被烹制食用；2000年前的西汉中后期，茶入药并发展为宫廷显贵的饮品；1700年前的西晋时期，茶开始被广大民众普遍享用。而与茶类似的咖啡，在300年前才开始被广泛饮用。

茶企在中国以极端分散的小企业或作坊式业态为主。2018年，小罐茶年零售额超过了20亿元，其零售额在茶业品牌中排行第一，但也仅占中国茶叶市场份额的不到1%。中国茶行业零售额排在前100名的品牌，若将其在2018年的零售额相加，所占市场总额也非常低。茶行业虽然已经发展千余年，但仍旧不是一个竞争成熟的市场。在成熟市场中，排行前三名的企业将占据行业的大比例份额，比如牛奶行业。

---

① 清饮：热水冲泡茶叶，不在茶汤中加入任何辅料或调味品，体会茶叶原有的层次与味道。

大而不强的行业，与分散落后的业态冲突明显。2018年中国茶叶市场总量为2783.86亿元，其中内销191.05万吨，销售额为2661亿元，出口36.4万吨，销售额为122.86亿元。2018年中国茶叶产量261万吨，位居世界第一，占全球产量的45%。然而，"7万茶企不如一个立顿！"2006年，时任中国茶叶流通协会副会长王庆这样感叹。这种现象至今仍未被打破，绝大多数国人都知道的西湖龙井，作为中国绿茶的王者，2018年整个产区中零售额超过1亿元的企业也只有一家。

中国茶可分为三类：农产品、消费品、文化品。尽管中国茶历史久远，但在世界范围内并没有脱颖而出的中国茶企与茶叶消费品品牌。人们对茶的认知，更多集中于农产品与文化品。反观咖啡的消费品品牌，如雀巢、麦斯威尔、星巴克、意利，在全世界范围内众所周知，被人们长期高频地选购与饮用，随之而来的是整个产业链的科学化、标准化、工业化。2018年下半年，雀巢作为全球最大的食品与饮料公司，开始测试其工业4.0[①]先导计划，后续将推广至全世界86个国家的413家工厂。

农产品的茶，典型的表达是"柴、米、油、盐、酱、醋、茶"。"我有一个朋友山里包了几棵好茶树，自家种、自家摘、自家炒，清明前尤其好喝。"农产品的茶讲地域，讲山头，缺乏标准性与科学性，温度、

---

① 德国在2011年的汉诺威工业博览会上正式推出"工业4.0"概念，指利用信息化技术推进产业变革的时代发展，也就是工业智能化。

湿度、光照、水分、土壤等都是影响因素，不过，不是原生态环境就一定产出高品质茶，采摘标准、加工工艺等同样作用巨大，好喝的背后有复杂的原因。

文化品的茶，典型的表达是"琴、棋、书、画、诗、酒、茶"。"不知道送什么时，送茶叶特别适合，有品位，有内涵。"文化品的茶讲礼节，讲格调，很多时候货币化成为茶礼，互相馈赠。

消费品的茶，典型的表达是"烟、酒、糖、茶"，工业化生产，被长期、高频地消费与享用。提到中国名烟，我们会想到中华、玉溪、黄鹤楼等品牌；提到中国名酒，我们会想到茅台、五粮液、泸州老窖等品牌；提到中国名糖，我们会想到大白兔、徐福记、金冠等品牌；但提到中国名茶，我们只想到西湖龙井、安溪铁观音、武夷山大红袍等品类。可见，中国茶千年以来只有品类品牌与产地品牌，缺乏代表性的产品品牌。

以颠覆性体验，成就颠覆性品牌

基于对核心人群与场景的定位、理解，小罐茶以颠覆性产品体验（一罐一泡、大师监制、统一等级、统一价格、精致的场景茶具），以及服务体验（眼、耳、鼻、舌、身、意的仪式感），开辟性地创造了中国茶的罕见价值，成就了颠覆性品牌。

新定位，聚焦增量人群

对茶感兴趣，已经或者未来可能养成饮茶习惯的是哪些人？他们是小罐茶的核心人群吗？小罐茶和我们一道，共同明确了三类核心人群："茶小白""茶习惯""茶领袖"（见图1-6）。

"茶小白"，不懂茶但特别关注品牌。他们在事业上拥有一定成就，对品质与品位敏感，购买力强。他们在城市内或城际间不断穿梭，很多时候不是在开会，就是在去开会的路上。他们送礼需求大，但对送茶很谨慎。较大的压力让他们开始更注意健康与保养，渴望比咖啡更健康的饮品。

图1-6 小罐茶人物画像

"茶习惯"，长期饮茶但对茶一知半解。他们在不同季节饮用不同的茶，并且频率较高，有自己稳定的买茶渠道。茶是他们生活的必备之物，饮茶是他们社交的沟通场景。工作繁忙的"茶习惯"人群渴望简单的饮茶方式，他们没有时间和精力去深度了解与茶相关的知识与信息。

"茶领袖"，热爱并分享茶。他们通常在财务与时间上拥有一定自由度。他们的心态开放积极，生活的重点放在兴趣爱好与文化追求上。他们会参加盲品会、茶友会，是圈子中茶与饮茶的专家，热衷于推动茶被更多人了解并喜爱。

经过进一步的研究，小罐茶定位"茶小白"人群为其核心人群，同时兼顾"茶习惯"的部分需求。基于对核心人群的定位，小罐茶与我们的团队携手确立了品牌的体验框架（见图1-7）。2018年，购买小罐茶的人当中，73%在35岁以下，且女性占整体比例的53%。这组数据证明了，小罐茶基于对人的重新定位与理解，开辟了与传统茶行业不同的增量空间。

新产品，重新定义中国茶

传统茶的土、老、繁、乱，是"茶习惯"和"茶小白"人群难以喜爱茶的四大原因，也是咖啡、新式茶饮备受青睐的主要因素。

乱，体现在品质与价格上。一饼350克左右的普洱茶，品质缺乏统一标准，价格从10元到100万元，相差10万倍。"茶习惯"人群时间

	产品与服务 Products / Services	行为 Behaviour	环境 Environment	沟通 Communication
品牌价值 Brand Value	**功能层面** Functional level **精神层面** Psychological level	便捷的 convenient 精挑细选的 carefully selected 让人们表达自己的个性、选择与观点，产出与价值 A tool that allows to our target people to express their identity, take and value	高质量茶且有不同的口味 premium quality tea of many different flavours	
品牌原则 Brand Principles	技术和艺术的平衡 Balance between technology and art 现代奢华生活方式必备 A must-have for a modern luxury lifestyle 从普通的商品转变为人们的挚爱 Move from a commodity to something people love	故事性 Stories 提供高端体验 Deliver premium experience 慷慨 Generosity 不是交易，而是关系 Relationships not transactions 茶师 Master of trade 同理心 Empathy	感官体验 Sensory experience 体验茶的仪式 Experience the ritual of tea 天然真实的材料去体现中国文化遗产 Natural and real materials to reflect Chinese heritage 有层次的空间创造探索发现感 Layered spaces to create sense of discovery 环境和产品形成对比 Contrast between the environment and product	小罐茶的调性 Xiaoguan Tea tone of voice 和人们的内心产生共鸣 Connect with the heart 突出制茶师技能和技巧的故事 Stories that highlight the skill and craftmanship of tea masters 现代的生活方式与传统的茶文化相连接 Connect the modern lifestyle with the ancient heritage of tea 高奢定位 Position as luxury
结果 Outcomes	生活之必需 Appreciate tea as an essential part of life	有助于建立社交 Tea enables relationships	体验茶道过程 Experience the process	启发和精通 Inspire and informed

图 1-7 小罐茶的品牌体验框架

稀缺，难以花时间搞清楚其中的差异与门道。土、老、繁体现在茶的包装与饮用上。传统茶的包装千篇一律、千年未变，原产的不精致，精致的不方便，而无论原产的还是精致的，都比较土。注重品质与品位的人们难以喜爱与自己的主张相悖的产品，同时对效率更有要求的"茶习惯"人群，无法频繁享受工夫茶，而是渴望更简单而有仪式感的饮茶方式。

"一罐一泡"是小罐茶的核心产品概念，以此成功解决了土、老、繁、乱的问题。小罐茶为"茶习惯"与"茶小白"提供了 4 克的默认标准。这也是经过大量试验后的最佳均值。各大茶品经过非遗技艺传承人、制茶大师的监制，干净安全的茶被密封于食品级铝罐中。铝膜很好地平衡了密封性与易撕性，小罐茶甚至尽可能地提升了人们撕开铝膜时的听觉体验。所有产品都在罐装时进行了充氮保鲜（白毫银针、大红袍、普洱茶、东方美人茶除外，因这四种茶接触氧气更有利于转化）。

茶作为入口的食品，干净安全是前提，为确保干净安全小罐茶对自己提出了很高的要求。小罐茶合作的所有茶园，均要求超高的洁净度，同时在生产加工的过程中再进行 6 道精选，科学严密地确保每一罐的品质。茶叶中的杂质虽然不易被人察觉，而且对人体无害，但细节决定品质。小罐茶对杂质的挑拣经过风选机、色选机、静电除毛发、X 光机去金属，之后再经过 2～5 遍人工挑拣，不遗余力地确保每一罐的品质。

基于对三大使用场景的定义（自饮、招待、差旅），小罐茶也设计了相应的茶具。以招待套装为例，茶杯容量为110毫升。如果容量更大，茶就凉得快；如果容量更小，就需要频繁倒茶。容量110毫升的茶杯，8分满，5分钟左右刚好喝完。这样茶温衰减适中，也不会因为频繁倒茶影响聊天。

新零售，颠覆行业的服务体验

从前当你走进茶叶门店时，什么首先映入眼帘？门前码放着一堆盒子，堆头上附着红黄色的标签，突显着商家的优惠力度。一位身着旗袍的姑娘迎上前来，端着一杯茶请你品尝。整个屋子几乎都是木质竹制的货架，上面摆放着看上去大同小异的产品。姑娘一边介绍优惠活动，一边请你去茶台边坐坐。你微笑着摆摆手，道谢离开。在2016年之前，这样的传统零售体验，在茶行业相当常见。

基于品牌体验定位，小罐茶与我们的团队共同打造了颠覆茶行业的零售体验。体验店的灵感来源于雪茄与酒窖文化，可以形象地理解体验店是一座现代茶库：入口处巨幅的玻璃旋转门，在展示产品的同时营造了通透的贯穿感；一罐罐产品根据品类与监制大师的不同，如奢侈品一般悉数陈列；茶吧区域既营造出西方酒吧吧台的年轻自在的氛围，也有日本板前料理的严谨细致，高脚椅与木质案几让时尚与仪式感相互融合。这一切升华了体验，立体地颠覆了传统茶叶店在人们心中的刻板印象。

在这个空间中,核心是人,而非茶叶产品。所有关于茶的眼、耳、鼻、舌、身、意的体验,人们都能自主完成。接触小罐茶的过程既可以是 DIY(自己动手)操控展示柜进行自取,也可以是从店员处得到及时贴心的帮助。小罐茶体验店通过空间层次和五感接触带来了全新的零售体验。

2016 年 10 月 26 日,小罐茶第一家体验旗舰店在济南恒隆广场正式开业(见图 1-8)。我们双方的核心团队成员剪彩并进行了一系列分享,整个活动在网易新闻与一直播同步直播,吸引了 230 万网友在线观看。

图 1-8 小罐茶体验旗舰店

可持续发展，重塑全产业链

小罐茶 2.0 时代，致力于成为行业的重塑者，小罐茶将通过重塑全产业链开启并引领中国茶业的现代化，让中国茶重新走向世界。自 2012 年开始寻茶，此后的 7 年是小罐茶 1.0 时代，创造了颠覆性的茶体验。未来 5 年将是小罐茶 2.0 时代。目前小罐茶内部已启动两大研发中心，茶叶研发中心与茶叶工业装备中心。未来，小罐茶将为全球与茶有关的企业提供不同类型的产业赋能。

在尊重传统技艺的基础上，茶叶研发中心将在不同产区、不同季节、不同品种、不同工艺之间找到交叉赋能的核心要素，创造研发新产品，不执拗于传统茶品，让意外的发现变为主动的设计。神农氏尝百草意外发现了茶，乌龙茶的摇青源自采茶工上下山晃动的背篓，红茶最早是对已经做坏的绿茶进行再加工才产生的茶品。未来的茶应该也必须持续迭代。

只有工业化生产，才能带来标准化产品。茶叶工业装备中心正在推动属于中国茶自己的工业 4.0。目前，IBM 已与小罐茶合作，进行茶叶智能除杂生产线的研究开发，进一步释放人力并更精确地提高茶叶品质；西门子则与小罐茶在数字化运营能力建设、生产管理顶层设计、数字化人才培养等方面，进行深入的战略合作，共同探索茶叶定制化、数字化、智能化的工业解决方案。

上游，小罐茶将进一步推动示范茶园建设，形成"自建＋合作"的茶园体系，目前已经有安溪茶庄园、凤庆滇红基地、黄山基地等。小罐茶希望所有茶园实现生态化的种植，让茶叶的农药残留符合中国、日本、欧盟、美国的标准，为走向世界提前解决最大问题。而生产加工也将原地化、智能化、无人化，形成黄山中央工厂、安溪工厂、凤庆工厂、勐海工厂等"1+N"的制造体系。

创新者的窘境

礼品化，尚未突破的瓶颈

在打造颠覆性品牌的同时，人们的一些行为在小罐茶的意料之外。2018年，一半以上的人在购买小罐茶后不是用于自饮，而是以茶礼赠亲友，这个比例虽远低于传统茶行业，但在小罐茶内部依然认为过高。实际上，中国茶自古以来就有强烈的礼品属性，尤其是高端茶叶市场中绝大部分都是礼品。"让更多人简单方便喝到好茶"，这才是小罐茶的初心。对于礼品化的形势，小罐茶也仍然在探索破局之法。

我自己就亲历过这种情况。一位老友到上海出差来我们公司坐坐，品尝了小罐茶的大红袍后感觉不错，于是我就送了他两条。两个月后再次见面聊到小罐茶，他突然告诉我："那两条茶，我送人了。"老友33岁，是互联网公司管理层，作为典型的"茶习惯"人群，他的动机颇具代表性。好奇心驱使下，我们探究了这背后的原因。

小罐茶作为茶礼的核心原因有两点：产品形态与价格。小罐茶的产品形态高级、精致、有仪式感，大师加持提升了文化与内涵；价格50元/罐，自饮时单杯价格高于星巴克或者其他新式茶饮，若切换到多人共饮的场景则优势明显，三四个人，一壶茶只要50元。同时，送礼有时需要让对方在感受价值的同时知道价格，小罐茶的价格简单明确，接受馈赠的人容易了解。

尽管礼品最终也会被消耗，但小罐茶更希望把"让更多人简单方便喝到好茶"落到实处。在保障品质的前提下，小罐茶逐步落实其产品多元化战略，拉动自饮市场。2018年7月，小罐茶推出了畅享版的"银罐"，每罐25元；2019年7月，小罐茶推出了"多泡装"，每罐50克左右，150元一罐；下一步，小罐茶还计划推出更适合年轻人的其他新品，以及与之配套的饮茶工具。

整体维权，道阻且长

谁能想到有一天，"小罐茶"三个字会侵蚀小罐茶的市场。

"小罐茶"作为品牌名称，极度产品化，突出与竞品的核心差异。在品牌面世初期，这种犀利且一致的呈现，利于小罐茶在传统茶行业中脱颖而出，事实也正是如此。

随着小罐茶越发受欢迎，大量仿制与抄袭产品跟进。现在可以从网上看到太多"小罐的茶"。茶的农产品属性使其几乎没有行业门槛，你甚至可以轻易买到粗制滥造的罐体、薄膜，以及小作坊使用的封装设备。小罐茶不但在被侵占市场份额，也在被拉低甚至破坏品牌形象，而这种没有品质标准的仿制与抄袭，最终伤害的是消费者的利益。

小罐茶在未来需要更多元地与人们互动，使人们了解到小罐茶在"小罐"之外的价值，以及与自己的关系，将小罐茶人在后端的所思、所想、所为与外界深度沟通。小罐茶从创立之初就注重知识产权的保护，其知识产权确权已覆盖茶具、设备、店铺、茶叶制作方法与工艺、罐体制作方法与工艺、产品包装等领域。尽管如此，小罐茶目前要进行整体维权，还有较长的路要走。

结语

案例以第三方视角，以公开信息为基础，力求呈现进一步的解析。我们清晰呈现了小罐茶从零起步至今横跨3年多的关键变迁，也了解现象之下的初衷、动机、逻辑和洞察。在案例尾声，如果只提炼一点与大家分享，我认为是：没有传统的行业，只有传统的思维。

今天小罐茶能够成为颠覆者，未来可能成为重塑者，核心原因是以杜国楹为首的创始团队，其价值创造的核心思路，没有被行业现状与既有解决方案所束缚,一直坚持以"让更多人简单方便喝到好茶"为核心理念不断探索与践行。

我们更应当跳出自己的预设,清空自己的经验,更加整体而科学地为人们创造可感知的新价值。体验经济中,人们追求更丰富、更美好、精神更加契合的体验。如同中国茶一样,太多行业太多事情正等待着大家去改变。

**如何实践
体验思维**

- 体验,是我们认知世界的根本途径。而商业推动社会发展的主要方式正是不断给人们带来新的体验。

- 体验经济,本质是经济观的跃迁。体验经济不会削弱包括农业经济、工业经济、服务经济在内的其他经济形态,而是持续赋能整体经济,与之相生相融。

- 在体验经济中进行商业创新,可以通过体验思维更新顶层思路,收获新方向与新思考。

- 体验经济中,商业创新的核心问题聚焦在人、价值、可持续这三个关键维度。体验思维明确了在这三个维度上的认知迭代。人不再只是消费者,且已成为品牌的共建者;价值,不再局限于产品交易,而是侧重品牌服务;可持续不再停留于供需关系,而是产生于整个共生系统。

第 2 章

人，从消费者到共建者

聚焦商业变化的本源 / 053

理想体验，不断超出预期 / 062

从场景到旅程，深度理解核心人群 / 074

体验思维先行者｜芝麻信用，以体验驱动信用普惠 / 085

聚焦商业变化的本源

变化让企业进退两难。
变化意味着新机遇与新增长,
同时,变得过快、过慢、过大、过小,企业都可能"死"。

聚焦人,关注商业变化的本源。
洞悉并抓住本质,方能应对万千变化。

新商业接踵而至

商业世界正纷纷寻求转型,数字化转型、生态化转型是未来趋势。一些人着眼于新零售和电子商务,一些人寻求服务化,还有一些人则看到了企业生态化的未来。每一个变化都是复杂的,并持续演进着。这些变化共同创造了一个前所未有的、未知的、充满不确定性的商业环境。

数字化转型，开启增长新周期

人与技术的不断互动，推动着社会向前发展，也在刷新我们的体验。2018年微软重回全球公司市值前三的宝座，转折点是其面向云计算与大数据的全面转型；同年中国有42家报纸因数字化冲击而休刊、停刊，其中包括发行历史长达32年的《球迷》和中国第一份晨报《黑龙江晨报》。

人们对数字化的理解大相径庭。有人认为，数字化在品牌的后端，是ERP（企业资源计划）或者OA（办公自动化）系统；有人认为，数字化体现在渠道，例如官网、微信公众号、微博、App……数字化转型分为三个阶段：数字化、数据化、智能化。企业随之逐步实现效率提升和业务再造升级（见图2-1）。三个阶段，启动有先后之别，随后是融合的滚动发展。

图2-1 数字化转型的三个阶段

数字化是一种能力，其中包含两类：开局能力（切入准确完成顶层架构）、技术能力（整合多种技术手段）。现在能够提供技术解决方案的公司不少，技术通常不是最大的瓶颈。更多的时候，我们要明确核心人群是谁，需要为他们提供怎样的价值；我们与核心人群如何接触、互动、将价值精确地沟通传递给对方。聚焦于人，我们才清楚为什么使用某种技术。

数据化是初步数字化后的自然结果，技术手段让每次接触、每个行动得以存留记录。建立适合自身的数据模型，提高数据收集的目标性与数据的可用性。

随之而来，智能化相应登场。一方面，我们开始能够为人们提供定制化的产品或服务，另一方面，人为的干预逐渐减少，系统开始自动处理并学习判断。人将解放更多时间和精力来解决"为什么"的问题。关于数字化转型的进一步内容，请见第 5 章。

生态化，可持续的共生关系

生态化在中国并不陌生。从产业链整合到"互联网+"，再到平台型生态，生态化一直在被实践并逐渐清晰。在这条赛道上，我们见证了阿里巴巴的成功、腾讯的碰壁、乐视的自我消亡。但可以确信的是，生态化将是企业战略选择的另一大趋势。生态化分两类，一是封闭式生态，二是开放性生态。

封闭式生态，指在一个产业下，将利害关系一致的资源整合，通过系统管理实现资源的循环利用与高效率作业，以构筑更高的竞争壁垒。家族产业、传统零售品牌多为封闭式生态，诸如联合利华、宝洁等。

开放性生态，指生态主对不同产业下的不同企业，进行优质的资源配置和赋能，以达到共生共存。生态主在其间推动资源配置与赋能的发生。生态主的角色常由阿里巴巴、腾讯此类平台型企业扮演。

放眼全球，苹果、谷歌、Facebook（脸书）、亚马逊、微软等市值名列前茅的企业，无不在实践着生态化战略。如近年来的苹果，正不断扩张其生态边界，从最初的"硬件销售商 + 软件开发平台"，到自行开展游戏、影视、新闻、金融等业务，不断探索更多盈利可能。

未来商业将是一个建立在庞大系统之上的生态，以人为中心可持续性地进行价值交换。曾经的商业环境及企业组织形态是有围墙的花园，强调秩序、规则、等级、边界，而现今围墙正被打破[①]。生态化让商业竞争从零和博弈变成非零和博弈，企业不再聚焦存量市场下的竞争，而是通过协作不断为人创造更多价值。

无论商业发生了何种改变，万变不离其宗，都与人的变化深度相关。究其根本，商业终归要服务于人。一旦脱离了对人的关注、理解、

---

① 参考彭剑锋、庄文静于 2017 年发表的《乐视坠入生态化概念的陷阱》一文。

满足,任何商业趋势都不再具有意义。

人群的岛屿化和原子化

近10年在全球范围内,中国人发生了最为快速与巨大的改变,细分的变化无时无刻不在发生。整体而言,中国人群正显现两个重要趋势:岛屿化、原子化。

岛屿化

岛屿化,指人们正从一个大群体中分裂出去,根据自己的三观、喜好、需求与其他志同道合者汇聚成一座座岛屿的趋势。

岛屿化意味着人们对生活的理解与主张在分化。过去信息资源匮乏的时代,人们对事物的认知往往源于权威渠道,或来自品牌的官方设定。在数字信息时代,人们接触更多、选择更多,需求差异逐渐扩大。

自给自足的田园农耕生活开始成为一种人生的美好范式。由湖南卫视打造的一档超流量综艺《向往的生活》[1],为在都市夹缝中喘息的人们

---

[1] 《向往的生活》是由湖南卫视、浙江合心传媒联合推出的生活服务纪实节目,自播出收视率一直位居前三。

撕开了一道出口。除了在阶级的阶梯上拼搏一生，移居偏远乡下"采菊东篱下，悠然见南山"也成为一种向往。

更年轻的人，开始重新定义传统事物。我在与万科的合作中发现，对年轻人而言，房子不再是房企定义的住宅功能模块，而是回忆（定格的生活氛围）与故事（连续的生活场景）。人们购买的不再是房子本身，而是未来几十年的美好体验。从"居住"到"乐活"的转变，让万科意识到需要将目光从"如何设计好房子"转移到"如何为人打造其想要的生活"。

岛屿化不止于生活方式，人们也因兴趣爱好和三观相投而形成了全新的岛屿，诸如二次元同好、街头潮流爱好者、追星族、文艺青年等。曾经的国民品牌李宁，便是瞄准了"街头潮流爱好者"这个岛屿，凭借其颠覆式的设计风格，打入了年轻潮流爱好者的市场，成功在 2015 年底扭亏为盈并稳步增长（2016—2018 年李宁品牌营业收入分别达到 80.2 亿元、88.7 亿元和 105.11 亿元）。

随着时间的推移，岛屿不断裂变合并，总体数量将越来越多。新的岛屿将不断孕育新的商业机会。如果说 70 后和 80 后生活在同一片土地

扫码延伸阅读
《刚需革命，年轻人的 Dream House》

上,那么00后则是分布在了世界各地。在绝大部分70后和80后身上,我们可以找到不少高度重叠的特征:对车和房的执念、朝九晚五的工作模式、认准老字号品牌、有限且固定的社交圈等。但00后呈现出了截然不同的状态。他们从不对未来下定义,生存不是其唯一目标,广泛社交随处可见,他们愿意不断尝试未知的新鲜事物或品牌……关于00后的详细洞察将在第6章中呈现。

在带来新机遇的同时,岛屿化也给品牌带来了不小的麻烦。随着人群分裂的加剧,品牌将越发难以定位和聚焦核心人群。上海武康路上有一家川菜馆叫龙门阵茶屋,菜品口味非常地道却鲜有川渝顾客,一落座环视下来甚至找不见几张中国面孔,反倒是坐满了外国人。那么中国顾客都去哪儿了呢?中国顾客反而去了周边的西餐厅或是咖啡馆。这让品牌不得不重新审视以下三个问题:我的客户是谁?他们在哪里?他们究竟需要什么?

原子化

原子化,如果将过去定义为重关系、强连接的分子结构社会,那么我们现在就在向由更小家庭单位组成的原子化社会[1]转变。

从三代同堂到一家三口,再到丁克家庭,家庭的单位在不断缩小。不婚主义者的出现以及一线城市年年攀升的离婚率,都从侧面反映了人

---

[1] 参考黄正元于2014年所著的《社会原子化及其消解——兼析社会腐败窝案根源》。

们家庭观念的转变：亲情和爱情不再是构建起一个家庭的唯一纽带。

家庭也可以是由一个人组成的，首先要找到适合自己的生存方式。那些与父母分居、单身且独自租房的年轻人，有一个共同的称呼：空巢青年。截至 2018 年，该群体人数已高达 5800 万。我们的团队在现代人群社交关系的研究中① 发现，年轻人之间的关系逐渐淡薄：不在微信的对话框说话，而是在朋友圈互相点赞留言，见面有过半时间在各自低头刷手机；合租半年，可能连室友姓什么叫什么都记不住，唯一交集是每月的水电煤均摊等。

与"空巢青年"类似，"佛系男子""御宅族""丁宠族""独居主义者"等关于独身群体的人物画像还在不断出现，背后有无数人感同身受。人们正在主动与集体、社会疏离，脱离了固有的连接关系，逐渐原子化，只是并不自知。

如何为这群"孤独患者"创造更多价值？这正在成为一个新的商业命题。面向个人健康和独居生活的产品与服务正不断涌现。自 2012 年以来，中国健康险市场发展迅速，保费年均复合增长率达 38%，到 2020 年中国健康险保费规模有望超过万亿元。在生活场景中，我们还可以看到养老、搬家等服务正在散发热度，背后原因是人们在独居生活中，常常陷入无人能帮的尴尬处境。

---

① 参考唐硕于 2018 年发布的《中国人群社交趋势研究》。

原子化并非无欲无求，人们需要消解孤独的手段。直播、游戏、朋友圈、短视频等低成本的线上社交娱乐，《单身社会》《孤独的美食家》《一个人要像一支队伍》等作品展现出来的看似寂寞实则非常美好的生活范式，都在为人们提供独居模式下可能的生活解决方案。

Gatebox 是一款专为二次元爱好者定制的家用智能化全息机器人。有别于其他智能家居音箱，其最大的特色是通过全息投影技术，赋予了背后的人工智能一个具体的人物形象，让使用者能拥有与喜爱的角色共同生活的幸福感，同时不会造成额外的负担和麻烦。Gatebox 的定价约 9000 元，其中还不包括税费、运费及之后每个月的维护费。但如此高昂的售价以及长达 1～2 年的交货期，丝毫没有影响其预售阶段便被一扫而空的火爆现象。

消费习惯不断变化的背后，是价值需求的进一步分化，消费升级因此而长期持续地存在。我 2018 年于《哈佛商业评论》发表的文章《消费升级进入新阶段，新趋势需要新变化》中就写道：如果以前品牌关注的是如何服务好所有人，那么现在则应该聚焦在如何服务好一群人。

扫码延伸阅读
《消费升级进入新阶段，新趋势需要新变化》

理想体验，不断超出预期

理想体验是超出预期的体验，
情理之中意料之外。

打造理想体验需要品牌持续理解人们的变化，
不断发掘并满足潜藏的需求。

理想体验，不断超出预期

"理想体验"是指人们在满足需求的前提下，收获的超出预期的美好体验。理想体验往往能够创造令人印象深刻的巅峰时刻，也是人与人之间分享体验的主要内容。那些时常带来理想体验的品牌，更容易持续获得商业成功。

核心人群的需求与品牌所带来的体验之间的重合程度，决定了理想体验的效果。重合程度越高意味着品牌对人的理解越充分，品牌也就更容易创造相应的理想体验。随着人与企业的变化，这个重合程度也在动态变化。"体验理想度模型"以重合程度的高与低为基准，呈现了核心人群的需求与品牌所带来的体验的互动态势（见图2-2）。

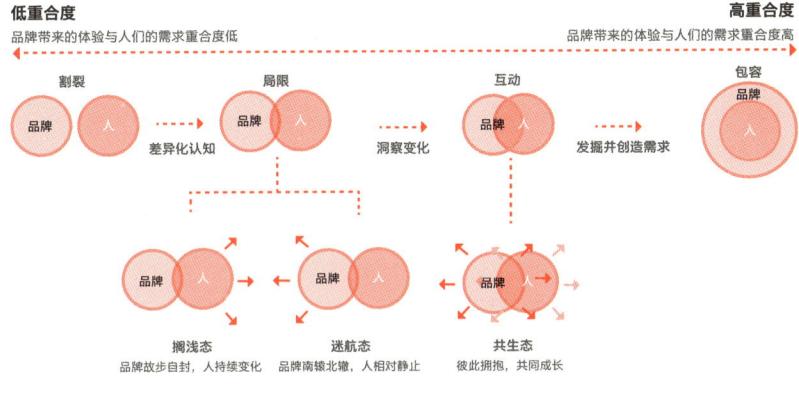

图2-2 体验理想度模型

常见的互动态势有三种：搁浅态、迷航态、共生态。完全无法带来理想体验的企业难以生存，但也没有品牌在方方面面、全维度都超出预期。在体验理想度模型中明确一个品牌的状态，有助于我们从体验的角度总体判断人与品牌的关系，框定品牌存在的初步问题。

搁浅态

在体验日渐丰富的同时，人的需求也与日俱增，其变化曲线越发陡峭。人们要求并期待品牌能带来更大的价值。而品牌却没有意识到这点，依旧为其创造不变的价值，最终将与人渐行渐远。这种状态，正是搁浅态。

柯达的没落便是企业陷入搁浅态的典型范例。20 世纪 90 年代，作为"影像"的代名词，柯达曾是世界上最大的胶卷生产商，其市值在 1997 年一度攀升至 310 亿美元。但谁也无法想象，如今的柯达沦为了一家市值不到 10 亿美元的商业图文影像处理公司。

柯达的失败，并非因为错过了数码时代的最佳入局时机。相反，早在 1975 年，柯达便发明了世界上第一台数码相机。2005 年，柯达仍占领美国 21.3% 的市场份额，并在数码相机领域领先于它的竞争对手（佳能、索尼）。在破产前，柯达拥有的超过 1 万项专利中，有 1100 项数字图像专利组合，远超其他同行。

但问题在于，柯达并没有意识到数码技术会如何改变人们的行为，以及人们的需求将如何改变。生产胶片是柯达商业模式的心脏，因此柯达将自己为客户创造的价值定义为：为客户洗出好的照片，留存好的回忆。为了帮助其更好地推广打印数码照片的业务，柯达甚至还在 2001 年收购了一家在线照片分享网站 Ofoto。

事实是，比起保存美好的回忆，人们更想要将其分享给身边的人。虽然柯达曾提出过"分享记忆，分享生活"（Share Memories, Share Life）的口号，但显然它并没有将"分享"视作企业下一阶段的愿景，而依旧只将数码技术当作胶卷销售的附加业务。并不是说胶片注定要被时代淘汰，当下我们依旧能看到人们对胶片影像的痴迷，一款名叫 NOMO 的胶片摄影 App 很好地印证了这点。陷入搁浅态的企业真实案例还有很多，有像柯达这般有能力改变却被既有利益所蒙蔽的，也有无能为力被迫选择的。

时代的洪流在滚滚向前，陷入搁浅态的企业终将被淘汰。如今人们在标的一个品牌的体验时，不再只关注其竞争对手，而是将其与所有行业的最佳实践相比较。那些满足过前几代人需求的性能，难以继续满足当下和未来人群的期望。

迷航态

品牌具备寻求改变和创新的意识，但无法找准方向，投入大量资源却换不回等价回报，人们甚至会对品牌的印象一落千丈。这种状态，正是迷航态。

为了找准方向，一些企业试图通过差异化竞争来突破噪声，希望能凭借与众不同的产品，在与竞争对手的比拼中脱颖而出。因此，它们在技术和产品研发上投入大量的资本和时间。2018 年，全球研发资金投入超过 1.7 万亿美元。品牌每天都在推出新产品和新服务，可其中有多少被市场所接受并取得了成功？又有多少为企业的营收利润带来了增长？普华永道对全球范围内 1000 家创新企业的调研报告显示，品牌的营收业绩与其研发支出额并无数据关联。

世界级饮品品牌可口可乐也曾遭遇过一段迷航时期。早在 1985 年，为了应对百事可乐的挑战，可口可乐尝试着去更改原有配方，以"新可乐"取代"旧可乐"，形成差异化竞争。但此举却引发了市场和人们的强烈反弹，销售量不仅远低于市场预期，而且可口可乐的粉丝们甚至成立了忠实拥护者联盟。他们大量囤积传统配方的可口可乐，并逐渐发展出一个黑市。可口可乐这才意识到了新配方并非客户所想所需，最终选择向公众道歉并宣布恢复传统配方的生产，阻止了损失的进一步扩大。

即使品牌凑巧创造了一种被大众接受的差异化创新，也无法保证效果的可持续性。新业务、新服务、新产品或新功能的先发制人优势往往是短暂的，竞争对手可能会在 3～6 个月以较低的成本复制它，甚至会做得更好。如果品牌不能深入理解与把握人们的快速变化，即便付出再多努力，也只能事倍功半，甚至事与愿违。

共生态

品牌与人相互依赖，共同成长。品牌为了更好地提供产品或服务，需要持续洞察其核心人群的特性和需求。人们则通过获取更多品牌体验，加深对品牌的认知和共鸣，甚至参与到品牌内部共建的过程。这种状态，正是共生态。

日本知名游戏公司任天堂，凭借《精灵宝可梦GO》和全新掌上兼家用游戏机Nintendo Switch，在2017年正式回归大众视野。其市值一度超过索尼，成功夺回了游戏主机市场的宝座。回溯其近30年的历史可以发现，任天堂从始至终都在贯彻着"以人为本，与用户共同创造价值"的核心策略。其早年创办发售的期刊《任天堂力量》(*Nintendo Power*)和首创的"辅导员制度"①，是任天堂通往成功的金钥匙。从用户寄来的信件以及与用户的对谈中，任天堂可以得知什么游戏是最受欢迎的，了解游戏的优缺点以及一些极具创意的想法。

任天堂的产品开发和营销计划正是基于这些来自用户的真实声音。任天堂一开始仅面向儿童市场设计和售卖游戏。但他们发现，与辅导员沟通的除了儿童，还有大量的家长。任天堂因此确信了成年人市场的巨大潜力，从而将产品的售卖范围从游戏专卖店扩张到了百货公司、电子专卖店等区域，以进入更多成年人的眼中。同样，曾一度风靡全球的掌

---

① 《任天堂力量》于1989年创刊，最初免费赠给500万任天堂"游戏人间"俱乐部的会员，1990年时其已拥有600万读者，为当时全美销售量最大的儿童读物；辅导员制度即任天堂员工通过电话对用户进行单独辅导，帮助用户掌握游戏窍门。

上游戏机 Game Boy[①]，正是考虑到成年人无法长时间坐在电视前玩游戏，才被设计成一款可随身携带的便携式游戏机。

任天堂清楚地意识到，人们需要的是好玩的游戏，并非游戏机。在营销和广告上，其重点向来不在推广游戏机本身，而在游戏内容和游戏场景上。在游戏制作方面，任天堂则不断将过去的优秀作品重制再推出，或加入新的玩法，乐此不疲。

受《精灵宝可梦 GO》影响，任天堂的股价自游戏上线后涨幅达 25%，市值激增 90 亿美元。任天堂不但为人们制作了好玩的游戏，甚至考虑到了人们的身心健康，因此而收获了好口碑及用户的购买回报。这也是为何，即便在当下手机游戏、电视游戏、PC 游戏三方夹击的艰难环境中，任天堂仍然能屹立不倒。以尊重人、理解人、满足人为驱动，不断创新迭代，持续与人互动，任天堂成就了属于自己与用户的共生态。

共生态的本质是品牌与人之间价值的双向传递。这不但要求品牌从人的视角出发去思考问题，而且需要重视与核心人群之间的关系：不是交易关系，而是价值交换、相互认同、共生共存的关系。

---

① Game Boy 是任天堂公司在 1989 年发售的第一代便携式掌上游戏机。截至 2003 年 3 月 23 日停产，Game Boy 的全系列机种在全球的累计销量约为 1.19 亿台，为目前世界上累计销量排名第二位的掌上游戏机。

通向理想体验的必经之路

由外而内的视角

过去,企业开展业务的逻辑往往是由内而外的,他们的思路不外乎:

"我想赚钱。"
"我需要卖东西赚钱。"
"我需要个地方卖东西。"
"我需要接触更多人,卖得更快更多。"

以盈利为起点,这类由内而外的商业逻辑十分线性:整合资源、提高生产力、做产品、找渠道、宣传、销售、售后(甚至没有)。这套简单粗暴的模式在以前颇有成效,不少品牌都借此取得了成功。

但如今大头流量的入口已被圈走,转化漏斗又在不断收窄,传统营销套路正在失效。10年前,你花50万元不但能做一条有创意的广告,还能买到不错的广告位,运气好的话甚至能有20%～30%的转化率。放到现在,效果相形见绌。一旦品牌无力应对人们的需求,便会走向衰败。

因此，企业必须转换视角，学会从核心人群的视角出发去思考问题，寻找线索：

- 人们想实现什么目标？
- 他们的生活方式是怎样的？
- 如何才能被人们记住？

虽然上述三个问题看上去很容易回答，但事实上 90% 的品牌都缺乏洞察人心和发现变化的能力。

真正由外而内的视角，是经由对人的深刻理解，探索其本质需求，最后与品牌视角相结合给出最优解。由外而内的视角，不是说顾客要什么你就给什么。如果品牌直接询问人们想要什么，将会被引入歧途，而不是找到了真正的机遇。同样，假使你试图满足每一个顾客的每一个需求，你将会被各种各样的需求所吞没。"如果我问顾客需要什么，他们会说需要跑得更快的马。"这句话经常用来辩论人群研究的价值和创新的来源。

平衡力量

对人、商业、技术三种力量的权衡使用，是使品牌远离迷航态或搁浅态，并朝着共生态前进的关键所在。

诸多企业的误区是，如果它们掌握了某种新技术，就等同于实现了创新。虽说自古至今，任何跨时代的变革都是因为某种技术的诞生而展开的，新技术也确实有可能为企业带来竞争优势，但当技术还无法成熟运用，或是搭载新技术的产品并不能为人们带去美好体验的时候，新技术对企业而言是不具备价值的。同时，新技术的研发和生产成本很高，只有当技术成本不严重高于顾客的消费水平时，品牌才需要考虑是否引入新技术。

过去 10 年，智能手机产生了令人难以置信的影响。但苹果并非第一个创造智能手机的品牌。首款智能手机是由 IBM 在 1992 年发明，并于 1994 年上市销售的。只不过人们并不怎么中意它，仅上市 6 个月该款手机就停产了。后来各大企业不断尝试推出新款智能手机，其中包括 1996 年推出的诺基亚 9000 通信器、2002 年推出的 Handspring Treo 180 以及 Microsoft Pocket PC 2002。你会发现在功能方面，它们与当下的智能手机并无不同，它们具有数据连接功能、可运行的应用程序，还配有触摸屏，却都没能成为主流智能手机品牌。

再让我们看看虚拟现实（VR）技术。几年前，虚拟现实无处不在，成了当时人们翘首以盼的新大陆以及资本家眼中的商业蓝海。无论国内外，与 VR 技术相关的新项目及报道不断涌现。可当热潮退去时，仅有一些类似半成品的 VR 产品在被陆续推出，比如购物中心安装的虚拟现实设施。不少人对 VR 技术都表示非常失望，这项技术似乎并没有他们想象中那么好。事实是，VR 领域仍有巨大的发展潜力和空间，只是它过早地出现在了大众的视野里，背后是 Gartner（IT 研究与顾问咨询公司)对该项技术的大肆炒作(见图 2-3)。

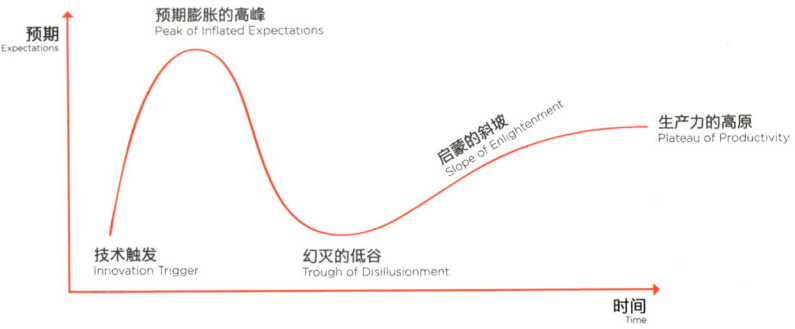

图 2-3 Gartner 炒作周期图

除关注技术和人的需求外,企业的另一项重点工作是找到一种可持续的商业模式,在经营中通过不断优化流程、提高效率、实现增长,进而实现利润最大化。利润是品牌延续生命并能持续创造价值的基础。如果公司营业收入不足,无力负担开支,企业终将溃败。

不谋而合的是,比尔·莫格里奇(Bill Moggridge)[①]也曾设计过一个关于创新的框架。他强调当人、商业、技术三种力量结合作用时,互相

---

① 比尔·莫格里奇是设计公司 IDEO 的联合创始人,库珀-休伊特国立设计博物馆前负责人。

重叠之处就是获取创新之所在。任何一种力量单独分离出去都是无法创造价值的,过度的偏移也将驱使品牌走上错误的道路。

在本章的余下内容中,我们会重点阐述体验思维将如何帮助品牌识别核心人群,塑造场景下的美好体验。

从场景到旅程，深度理解核心人群

你的伴侣将迎来生日，你如何为他／她带来惊喜？
送实用性的物品，还是有意义的纪念品？
不能直接询问，却要深深打动对方，这是你的难处。

品牌为人们塑造理想体验的过程亦是如此。
品牌要深入地洞察人的需求，却又不能过分打扰。
体验旅程需要面面俱到，更要打造精彩的关键体验时刻。

获取精准的人群定位

洞察本源

越清楚人们所想所求，品牌越能创造令人满意、远超预期的体验。

随着话语权的回归，人们不但成为商业发展的核心，也通过分享体验的方式化直接塑造品牌。人们已经从消费者变为品牌的共建者。不幸的是，对多数公司来说，它们甚至很难准确说出究竟哪些人是自己的核心人群。

数据服务和智能算法是未来所趋，现阶段却能力有限。即便你能让人们完成此次购买，也无法得知下一次在什么时候；你知道人们爱看什么类型的视频内容，却不能预测他们何时会腻烦；你的品牌深受喜爱，却不清楚人们选择购买究竟的是产品或服务，还是被品牌背后的故事所打动。只着眼于现象，企业能做的很少，也将一直处于被动。

品牌需要通过与真实核心人群的直接联系，获得可执行的洞察。有时，你甚至会面临一个全新的市场，没有任何数据或是可供参考的先例，此时该如何行动？芝麻信用正是通过对人的精准定位和洞察，创造了前所未有的个人信用服务模式，在短短5年内实现了信用普惠。

我在开篇假设了为伴侣庆生的情景。为了给对方留下美好的回忆，你可能需要知道的信息包括：对方是个怎么样的人？对方的品位和生活方式如何？对方是如何看待我的……从这些问题的答案中，我们能对一个人有更深刻的认识，商业上可延伸至观察人对新事物的开放性、生活习惯、社交圈层、风险规避性、专业知识和影响他人的能力等。

这些关键洞察，将帮助品牌理解核心人群的动机。凭借此，品牌能够提前规划出切实可行的行动路径，帮助人们达成其目标，创造有意义的体验。人们之所以接触品牌、购买产品或服务，是因为品牌能帮助其更轻松地实现某些目标，诸如提高效率、构建品质生活、娱乐身心等。

人物画像

事实是，没有企业能同时接触到所有人，或是向每一个人提供一种特定的体验，至少现在不行。因此品牌需要塑造出能代表不同人群的人物画像，即具有共同特性和特征的虚拟形象。

人物画像有助于企业建立和调整对核心人群的认知，培养其对核心人群的同理心和同情心。我们往往会使用这些人物画像作为解决商业问题的开端，帮助品牌了解其核心人群是谁、有哪些特征、会出没在哪些地方、有什么样的社交范围等。

每个人物画像都应由浅入深地塑造，形象越具体越能提供生动参考。年龄、性别、感情状况和子女等信息，有助于说明人们目前的生活阶段；居住地点、受教育程度、职业状况和收入水平，则可以为其个性能力、生活习惯提供参考。

在过去 12 年内，我们的团队在超过 400 个项目的商业实践中，积累了 500 多个人物画像，并沉淀为"中国人物博库"（见图 2-4）。中国人物博库展示了目前在中国与消费、金融、出行、地产、教育、社交等行业相关度最高的核心人群的特征、需求及转变。人物博库将散落的定性认知变为定量标签，加速品牌对核心人群的认知过程，并提升精准度。对人群研究及定位的时间，比原先所用时间缩短了一半。品牌将能够释放更多时间来聚焦关键问题，制定解决策略。

图 2-4　中国人物博库

匹配核心人群

品牌需明确目标，匹配对的人群，以提高效率，让有限的资源价值最大化。不同发展阶段的企业所面临的核心问题有所差异，手握的资源也各不相同，因此制定策略需有针对性。比如预算有限、没有能力竞逐强势媒介的品牌，希望能有更精准的投放，让花出去的每一分钱都能得到有效的回报；渴望创新的品牌，则需要更多接触那些极具创意和走在市场前面的先锋人群。

根据现状和商业目标,下面七类人群将对品牌产生不同影响,带来不同价值。

主流人群,是指使用产品或服务频率最高的群体。他们对产品或服务有较全面的认识但不深入。他们的声音代表了多数人的想法,具有较高的参考性。

先锋人群,是指在某类产品或服务普及前,便已有超前需求的人群。因既有市场上没有能满足他们需求的产品或服务,他们往往会打破常规、超出预期,形成定制化的解决方案。先锋人群也是未来某一主流的风向标。了解他们的需求及行为,能帮助品牌开阔视野、突破创新,获得先发优势。

种子人群,特指品牌的第一批支持者。他们愿意尝试新事物,对不达预期的体验有较高的宽容度。通过这类人,新品牌可以收集最直接而真实的反馈,保证在进入市场前,能站在更靠前的起跑线上。同时,他们也是最有可能成为品牌拥趸的人群。通过给予回报和共同成长,他们会自主传播口碑来宣传品牌的产品或服务,甚至成为品牌大使。

潜在人群,是品牌未来有可能服务的人群。他们在当下并无需求,但随着生命阶段或生活环境的改变,他们在未来某一时刻或许会需要你的产品或服务。提前将这类人群纳入品牌未来的发展规划，与他们建立信任关系，可以确保你的品牌拥有更长久的生命力。

影响人群，是指具有广泛传播基础并能产生关键口碑的人群。他们是追随者寻求建议、发现新品牌和给予信赖的主要来源。影响者分三类：专家、关键意见领袖（Key Opinion Leader，以下简称 KOL）及网红。三类影响者分别凭借专业知识、阅历见解、个人魅力影响他人。品牌通过他们能更加高效精准地定位到核心人群，并且构建一个值得信赖的品牌形象，降低初次接触的难度。

追随人群，是指对品牌了解不多，通常会基于外界推荐而做出购买决策的人群。他们往往容易受渠道、媒体或身边亲友的影响，其动机和决策都是被动的。如果你的核心人群多为追随者，那么了解他们如何发现品牌、受谁影响、如何评估体验优劣将至关重要。

与前几者不同，理想人群是指在你的品牌的帮助下，人们可以成为其心中向往的样子。比如，我希望借助你的减肥产品成为身材姣好的人，又或者我购买了你刚推出的主打摄影功能的手机，便可以带着它环游世界，记录下美好的人文风景。品牌可以通过对这种理想形态以及状态的描绘和勾勒，贴近人们真实的渴望，进一步打动他们的内心。

这七类人群对企业而言有着不同意义，关键在于，品牌需要根据自身发展阶段和战略目标，找到对的人群并深化与之的关系。品牌所追求的目标不同，对各类人群的关注程度也就有所不同，如果品牌推出自主改善型产品，则需要更多关注主流人群；如果要进行大幅度创新，则需要关注先锋人群和种子人群。有了明确的人群框定，就有了进一步理解人们购买动机与发现新机会的基础。

体验旅程，审视体验高效设计

"体验旅程"呈现了一个"人物画像"追求目标的完整体验经历。它提供了一个结构，帮助品牌组织一系列体验过程，并在整个体验过程中记录人们在做什么、有什么样的想法和感受，通过可视化信息，体验旅程使体验由无形变为有形（见图 2-5）。品牌通过体验旅程进一步理解目标人群的同时，也将发现创新机会。

创造场景

场景不仅能解决人群岛屿化和原子化所带来的"人群难以定位"的问题，同时能帮助品牌了解人们的行为和想法，借此找到创造价值的机会。

曾经的营销神话脑白金，通过指向"过节""送礼收礼"的明确场景，在 2000 年春节期间实现了 2.1 亿元的营业收入；分众传媒首创电梯媒体，正是抓准了"电梯"这个城市主流人群必经的核心场景，实现了精准且低干扰的广告营销；"双 11"的"剁手血拼"，在台湾中秋

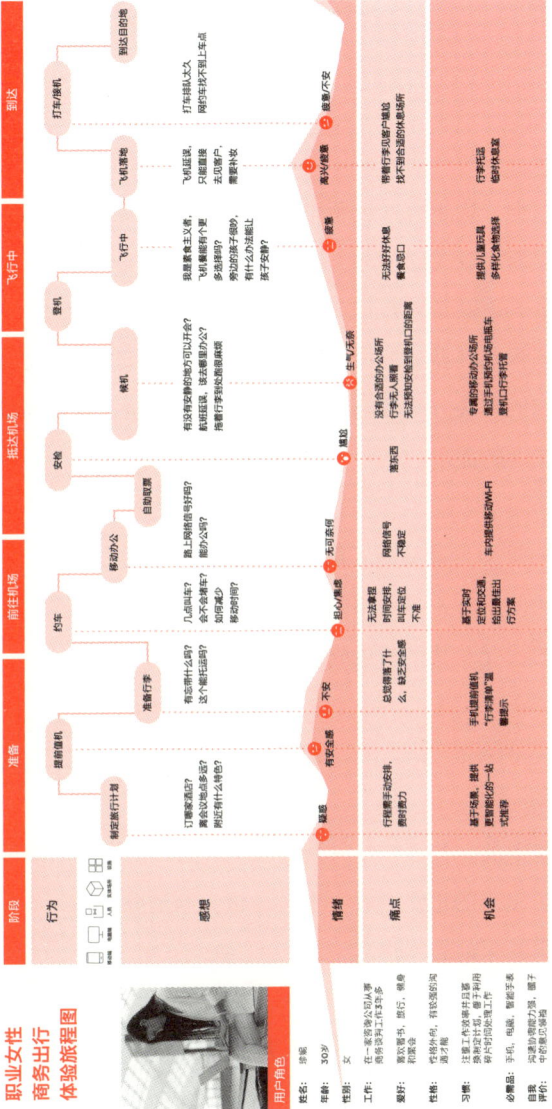

图 2-5 体验旅程图示例

节变"烤肉节",这些人造场景影响了人们的行为和认知,继而创造额外价值。

场景是设计领域一直以来用作识别创新机会的有力工具,在商学院也越来越受欢迎。曾著有《创新者的窘境》一书的哈佛商学院著名教授克莱顿·克里斯坦森(Clayton Christensen),于 2016 年出版了《与运气竞争》(Competing against Luck)。其中提出的"待完成任务"理论,影响了人们对场景及其益处的核心看法:"专注于了解消费者挣扎的过程,然后创建正确的解决方案和随之而来的一系列体验,以确保每次都能很好地满足消费者的需求。"

该理论侧重于帮助品牌了解消费者的处境和他们试图实现的目标,虽然对场景的使用方式各不相同,但都有一条共同的主线:关注人们做什么、面临的状况及其试图达成的目标。

识别体验创新机遇

上一章曾提及,关键体验时刻组成了人们的记忆。人的记忆空间非常有限,97% 以上的记忆会在 1 个月内被大脑清除。留下来的 3% 是有效信息以及印象深刻的体验。

因此,并非每个场景下的体验都需要被创新,品牌的注意力与资源应被用于改善或创造关键体验时刻,关键体验时刻分两类:巅峰时刻与谷底时刻。

巅峰时刻,是体验旅程中可以被做得很好、超出预期、打动人心的美好时刻。它们往往也是那些最能满足人们获得关键价值所需的体验。

谷底时刻,是人们在一段体验旅程中遇到极大问题或麻烦的时刻。这些时刻使人感到糟心,会大大拉低体验的平均分。因此,谷底时刻需要被全数填平,以减少客户的流失。

以网红咖啡店为例。你的巅峰时刻或许是在吧台与咖啡师热情交谈,从中学到不少新知识的时刻,又或许是在体验咖啡豆的真实生产加工过程,并在结束时获赠独一无二的纪念品的时刻;而你的谷底时刻可能出现在进店前排队的漫长等待时刻,或者是点餐后不知从何处取餐,被员工冷落在一边的时刻。

体验旅程的核心价值

体验旅程关注的是目标,而不是品牌。体验旅程不只是梳理个人对品牌或特定产品的体验,还应该聚焦在人们追求目标的体验上。以选购手机为例,体验旅程在人们接触品牌前就已经开始了,在产生购买手机的念头之前,人们已经接收到各类与各种手机品牌相关的信息;体验旅程也包含了人们离开之后的一系列体验,包括对其新购入手机的评价分享(赞叹或吐槽),以及后续的售后服务体验。

体验旅程没有固定的长度，且不止一条。体验旅程的长度很大程度上取决于所覆盖的范围及人们的目标。有些体验旅程可能很短，有些旅程则可能贯穿了人们的一生。往往品牌的核心人群不止一类，不同的人怀揣着各自的目标，会踏上截然不同的体验旅程。品牌需要率先定位核心人群和场景，从具有代表性的体验旅程中找到关键信息。

体验旅程会随着时间的推移而变化。随着体验的增多，人们的期望会不断进化和改变。反复经历几次过后，再新鲜或惊奇的事物都会变得平淡无奇。因此，体验旅程需要定期更新，帮助品牌积极应对人们的变化，持续塑造高标准的体验。

体验思维先行者

芝麻信用，
以体验驱动信用普惠

案例品牌：芝麻信用

案例跨度：2014—2019 年

案例结果：2015 年上线至今，芝麻信用在个人信用市场，已经覆盖了消费、金融、酒店、租房、出行、婚恋、学生服务等上百个场景，成为目前国内知名的个人信用服务产品。

案例价值：芝麻信用以全新的信用理念，全面开启国内个人信用消费时代。

本案例将关注以下关键问题：
- 如何聚焦人，理解人，发掘信用服务场景？
- 如何充分利用阿里巴巴的业务与数据优势，让信用场景化落地，实现用户数据回流、反哺模型？
- 如何将信用呈现到人们眼前，并激发人们自主管理个人信用的良好意识？

> 我们可以从芝麻信用看整个中国的个人信用市场。案例将重点阐述及剖析芝麻信用品牌价值的源起,从无到有,再到如今的信用普惠。我作为首席体验策略师,带领团队与芝麻信用深度合作,完成了信用人群和价值定位、"信用+场景"服务模式制定以及产品及体验设计。

一诺千金,被忽视的信用价值

自古,中国人便十分看重信用,诸如"得黄金百斤,不如得季布一诺"①的典故数不胜数。现代社会信用更多被视作人品的象征、道德的约束,除了购房、购车、办卡,信用的价值无法量化,也难以被感知。

新人群新理念,信用或成新消费力

2012年后,为刺激市场需求,各种信用交易产品被陆续推出,信用贷款、赊销赊购和信用消费逐步增多。2014年2月,白条在京东商城

---

① 一诺千金:典故出自《史记·季布栾布列传》,作者为西汉史学家司马迁。

上线，为人们在购物时提供"先消费，后付款""30 天免息，随心分期"服务；2014 年"双 11"期间，天猫推出"11 期 0 手续费"的分期服务，根据实名的消费数据计算"分期购"的额度，人们可以进行赊账消费。

80 后、90 后渐成社会主力军，信用需求日趋扩张。现在的中国，正处在第三消费时代[①]，人们的生活正经历着从有到优的转变。80 后相较于前几代人更能接受信用消费，在通往中产的道路上，他们需要预支资产以更早地实现房、车双收；与此同时，虽然 90 后手里没有积累太多财富，却拥有极强的消费欲，希望通过购买个性化的商品来展示自我，比起保守消费他们更倾向于"先享后付"。

个人信用市场发展滞缓

2006 年起至今，银行个人信贷、互联网金融、消费金融、共享经济等各种与信用强关联的产业四处滋长。随之而来的是信用风险的攀升，以及企业对个人信用服务的迫切需求。但在 2015 年前，国内个人信用市场却一直处在停滞不前的状态。

看向美国，其个人信用市场的高速增长得益于征信体系的发展。艾可

---

① "第三消费时代"一词出自三浦展于 2014 年所著的《第四消费时代》，作者将日本消费经济分成四个阶段，第三消费时代是追求个性的时代，人们对标准化的、重量不重质的消费观念嗤之以鼻，希望通过购买特色商品体现与众不同的自我。

菲（Equifax）、益百利（Experian）、全联（TransUnion）是美国三大个人征信所，其信用记录几乎包括了全部成年人口，信息覆盖范围从消费信贷领域延伸到住房按揭贷款、债务催收、公共事业缴费、就业、保险、房屋租赁、汽车贷款、医疗、破产、欠税等与普通人日常生活密切相关的领域。

相对而言，中国的个人征信市场却是一片空白[①]。央行是早年唯一一家征信机构，仅服务于银行和金融机构，且不支持接入外部数据。彼时，即便互联网（电商、互联网金融平台等）已沉淀大量有价值的行为数据，却因为信息公开和使用的问题，不能得到有效利用。因此，只要突破征信这个瓶颈，中国的个人信用市场仍有巨大的发展空间。

不只是征信

2013年11月在中国首家网络保险公司众安在线的成立仪式上，马云在谈及信用的时候说道："我们在阿里小微金融服务这块也做了很多工作，我们想做的不是金融，是信用体系。"

---

① 参考商务部国际贸易经济合作研究院于2000年发布的《中美信用制度建设比较》，上海率先在全国实行个人信用联合征信制度，并采取政府组建公司运营的模式，才开始有了消费者信用服务公司。这些信用服务企业发展历史短，市场成熟度比较差。大规模的商业数据库尚未形成，客户群体还比较小。消费者征信还停留在上海这一特定的区域内，无法全面、全程、准确地记录信用信息。

信用体系是信用市场的基石，美国次贷危机已经证明了这点。对人们而言，假使守信者无法获益，失信者未必损利，人们自然会对信用越发漠视，大量信用行为将孵化无法计量的高风险；对企业而言，得不到信息和服务的支持，信用风险无法被有效化解或转移，最终必然导致出现欠款、坏账。市场经济的天平将因此失衡。因此，蚂蚁金服将战略目光投向了整个信用体系。图 2-6 展示了传统的信用市场体系是如何运行的。

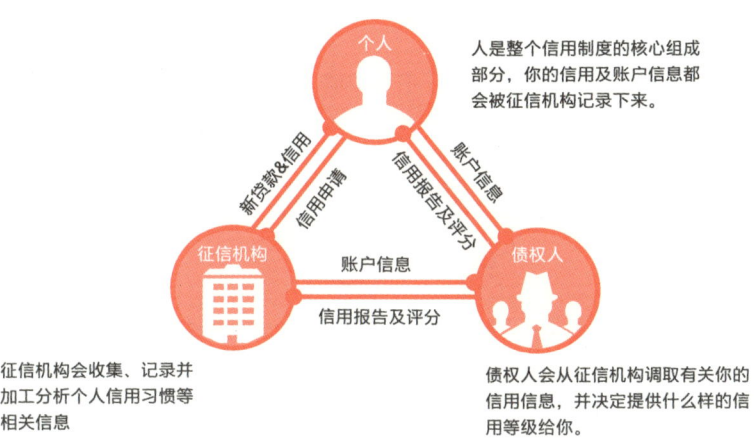

图 2-6　传统信用市场体系

芝麻信用不仅拥有强大的技术团队，更有庞大的数据支撑。阿里巴巴的电商交易数据和蚂蚁金服的互联网金融数据，涵盖了信用卡还款、网购、转账、理财、水电煤缴费、租房信息、住址搬迁历史、社交关系等各个方面；另外，央行的征信批文及外部公共机构（如公安局、工商局、教育局）数据的接入也是一个不可或缺的先决条件[①]。图 2-7 展示了信用的诞生和信用交易市场的成熟过程。

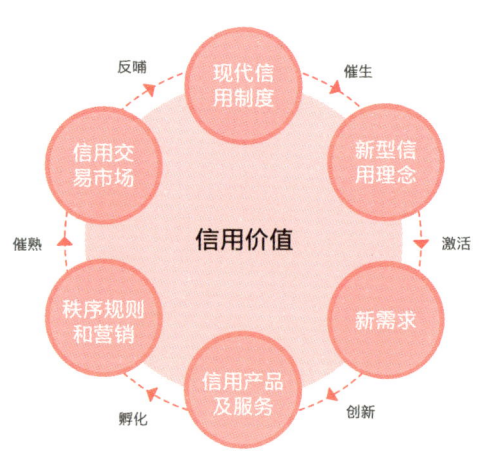

图 2-7　信用的诞生与信用交易市场的成熟过程

想要实现信用普惠，最重要的是要让人们切实感知信用带来的价值，并改变对信用的认知。在产品上线前一年，我作为首席体验策略师

---

① 2015 年 1 月 5 日，央行发布《关于做好个人征信业务准备工作的通知》，芝麻信用正式开展个人征信准备工作。

与芝麻信用团队共同定位并达成了三个关键目标：

1. 聚焦并理解人，挖掘信用对人的核心价值；
2. 定位信用服务模式；
3. 完成芝麻信用产品及体验设计。

互联网时代个人征信从何而来

信用的价值差异

人们对信用的理解、态度、需求，是信用产品及服务创新的根基。因此，首先有几个底层问题需要被解决：

- 不同人群对信用的认知如何？影响因素是哪些？
- 他们对信用的需求如何？
- 他们在哪些场景会用到信用？

与信用相关的典型人群，大致可以分为六类（见图2-8）。

第一类，是对信用价值感知几乎为零的年轻人。他们是还未进入社会的学生，学习和社交占据了他们生活的绝大部分。他们会有较为频繁的小额消费需求。由于互联网的接受和使用程度普遍较高，因此他们对信用服务的态度也相对开放。如果有合适的信用服务，他们表示会愿意主动尝试。

第二类，是信用消费的活跃使用者。他们多为年轻白领或职场新人，消费和社交是他们目前人生阶段的两大关键词。周末与好友逛街、喝下午茶，隔几个月要出去旅游一次，都是他们对生活的最基本要求。但受限于收入和资产的缓慢增长，他们需要借助信用卡来快速地靠近理想中的生活。因此，对他们而言，信用最大的价值便是让信用卡额度不断涨涨涨。

第三类，是对信用相关产品持观望态度的跟随者。他们一般是普通的上班族，追求安全稳定的生活，虽然经济条件一般但安全意识很高。他们对新事物接受速度很慢，且容易受周遭环境的影响。像余额宝这样的理财产品，只有当身边的人试用一圈下来没有问题时，他们才会考虑使用。

第四类，是对信用产品拥有高需求的经商人士。他们通常是事业正处在快速上升期的生意人，例如工商个体户、私企老板、淘宝卖家等。如何实现财富滚动是他们现阶段的主要目标，随之而来的是生活中高频出现的交易场景、金融场景。假设能通过信用获得更好的生意机会，他们会毫不犹豫地抓住它。

第五类，是对信用有理智认知的人。他们多为已经成家的中产阶级，有一定的经济积累。家庭是他们的生活重心，房贷、车贷、子女教育等大额消费的场景会经常出现。在他们的认知中,信用既是身份标识,又是一种资源,应该得到保护、维系和合理运用。

第六类,是不随便使用信用服务,不愿涉险的保守派。他们是传统行业普通职工,因为不具备承担风险的经济能力,因此对任何信用服务的使用都会格外谨慎。除非信用能带来一些实际的经济利益,他们才会考虑使用。

图 2-8　与信用相关的六类典型人群(因涉及保密信息,以上人物画像为非真实研究成果)

将所有信息整合到一张体验旅程图下，可以发现各种信用场景对应到不同人生阶段，且存在一定的规律性（如图2-9所示）。其中，影响人们信用认知行为的核心因素可分为六点：人生阶段、经济条件、职业类型、性格特征、互联网使用程度、社会舆论参与度。而信用价值，大致可被归为促成交易、获得机会、建立关系三类。

"信用＋场景"的服务模式

传统征信的服务模式是通过授权采集客户的信用信息，以此建立档案，然后以信用报告的形式售卖给那些有需要的企业；互联网征信不同之处在于，企业需要在海量的行为数据中淘到有效信息，并为人们带去价值。

这给芝麻信用带去了一项极其困难的挑战：如何提取有效数据并实现大规模的商业化运作。回归人的视角，除在金融场景之外信用作为无形产物几乎难以被感知，但又分布在大量场景之下，与人们的体验息息相关。

比方说，2015年之前入住酒店是需要支付押金的，并且只能以现金形式。虽然这在当时已经是种既定体验，但像是现金不够、凭证丢失等情况屡见不鲜，高峰时期的拥堵排队依旧让人抓狂。再比如，办理签证通常需要提交在职证明、个人信息表、户口本、资产证明、行程单等一大堆复杂材料，审核可能得花上数十天的时间，外地务工者甚至需要专程赶回户口所在地去收集必要信息。

第 2 章 人，从消费者到共建者

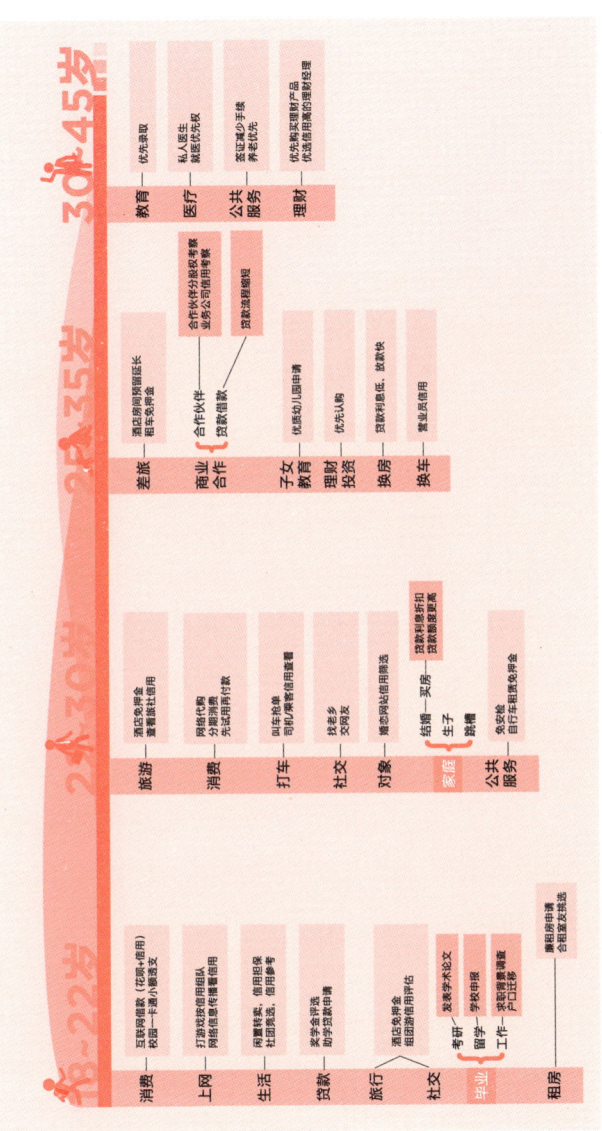

图 2-9 人生旅程下的典型信用场景分布

诸如此类的丰富生活场景之下，其实存在大量与信用相关的痛点和机遇。试想，如果能将生活场景下的信用价值进行提炼，以一种可感知的形式呈现到人们眼前，在帮助人们解决问题的同时带去美好体验，将极大地提升信用价值的感知度及覆盖范围。

达成"信用 + 场景"的前提是，实现不同场景下信用数据的精准提取，以及形成闭环的服务模式。当时的设想是，通过分析各场景下各类信用数据的价值强度，组合加工将数据产品化，之后再将这些信用工具给不同行业领域的场景方使用。

在 C2C 的社交或交易场景下，比如相亲、二手交易、找驴友等，数据可以被加工成信用勋章、信用名片等形态的工具，帮助人与人之间快速建立起基础信任，从而提高效率、降低风险；在 B2C 的消费场景下，比如酒店、餐饮、商场等，可以通过信用等级来对人进行分层，提供差异化服务和特殊权益。

通过"信用 + 场景"的服务模式，C 端和 B 端之间将自然形成信用价值链闭环（见图 2-10）：为人们提供征信服务，利用不同的信用工具为人们提供信用价值。

芝麻信用在上线的第二天，率先以免押金租车的方式与神州租车展开初尝试，650 分以上的用户在租车时可以免交 5000 元以下的预定押金；同时，阿里旅行上线"信用住"功能，600 分以上的用户可以享受免押金、免排队、免查房的服务。在"信用住"试运行期间,未曾出现过一次失信行为。迄今为止,"信用住"已经为超过 2000 万人提供服务,让人们的平均入住速度缩减到 45 秒,退房时间缩减到 15 秒,同时累计免除了 360 亿元的住宿押金。

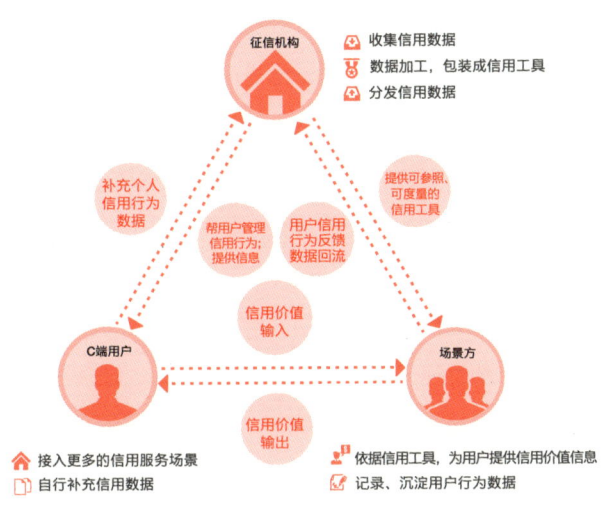

图 2-10　信用价值链闭环

如果只聚焦在金融场景,想要达成今天这样的信用普惠,势必会经历更漫长而艰辛的一段时光。"信用+场景"的服务模式会成功或失败,没人能够预见。因为在当时,无论国内外,都未曾出现过任何一起先例,谁都无法保证该策略能否引起质变。时任芝麻信用总经理的胡滔在

2015年采访中说道:"今天中国的征信刚起步,美国的征信150年前已经起步,我们的今天可能是美国的昨天;但结合互联网、大数据的因子和中国诚信文化的需求和认同,中国的明天也许是美国的后天。"

产品及体验设计

个人对自身信用的管理是构建良性信用体系的基础。信息经济学告诉我们,在信用交易中,授、受信主体之间的信息不对称程度越大,产生逆向选择与道德风险的可能性就越大。同时,如果把个体间的博弈转换成个体与整个社会的博弈,博弈的次数会大大增加,经济主体就会自觉塑造自己的信用形象,放弃失信行为。

因此,信用在为人们提供价值的同时,也需要让人们意识到自身信用管理的重要性。从过往人们的真实行为中可以总结出,信用应当具备可感知、可利用、可提升的三大原则。

可感知:信用变得具象化、结果化。芝麻分是对用户信用的评定结果,它由人们的行为偏好、身份特质、履约能力、人脉关系、信用历史综合归纳得出;信用又如同空气,如影随形不可或缺,空气质量好时芝麻分呈现碧绿色、湛蓝色,质量过低时则橙红色告警。人们能直观地看到自己的信用现状,并实时感知信用的动态变化,从而让用户对信用形成资源意识,知道需要通过自己日常积累的行为去维护这笔资产。

可利用：让用户感知到信用的价值，以价值驱动人们持续关注及维护信用，其关键是找到不同场景中人们所需要的不同类型的价值形式。信用可以帮你促成交易，免押金解锁共享单车，信用购实现先享后付；信用也可以帮你建立关系，在闲鱼快速识别优质买家卖家，在婚恋网站通过婚恋报告匹配适合人选；信用同时能帮你获得机会，获得移民及旅游签证证明，轻松实现学生信用卡办理等。

可提升：与可感知不同，可提升强调动态化，一些可能对信用带来影响的行为都会得到及时提醒和反馈。例如，用户可以通过补充上传信息、按时还款、增加消费频次等方式，来帮助自己提升芝麻分。芝麻信用以此进一步提升人们的信用意识，规范社会的信用行为，完善中国的信用体系和信用文化。

芝麻信用的进化之路

在短短不到 5 年的时间里，芝麻信用实现了从 0 到 1 的蜕变，花呗、借呗等新型信用产品应运而生。2015 年上线至今，芝麻信用在个人信用市场已经覆盖了消费、金融、酒店、租房、出行、婚恋、学生服务、公共事业服务等上百个场景。2018 年底，芝麻信用累计免除押金已超 1000 亿元，等同于为用户消除了 1000 亿元的押金退还风险。

芝麻信用的价值边界仍在不断延伸，从个人信用服务到助力信用社会构建。在社会事件上，芝麻信用与最高人民法院联合惩戒"超级老赖",共限制失信被执行人购买机票、租车、贷款等超过13万人次,5300多名失信被执行人因此还清债务。

芝麻信用高速增长的背后是人、技术和商业三种力量的平衡。通过对中国人群的精准洞察,从海量数据源有效提取关键信息,同时结合创新的服务模式,赋予原先只受用于金融场景下的模型一种全新的姿态,芝麻信用让信用进入生活,帮助人们意识到自身信用原来可以带来如此多的便利。

结语

在未来,关于信用的使用方式还将继续被探索。案例以公开信息为基础,力求呈现进一步的解析。芝麻信用目前对信用价值的开发仍旧只是冰山一角,还远远没有触碰到信用价值的天花板。就如时任芝麻信用总经理的胡滔所言:"未来消灭支付的,不是一家支付公司,而是信用。"

当商业重心回归人,品牌更加聚焦人并理解人时,我们将能发现更多商业创新的机会,就如芝麻信用改写个人征信历史一样。

如何实践体验思维

- 商业创新的本源是人。随着话语权的回归，人们在购买和使用产品的同时，也通过分享体验直接参与品牌塑造。体验经济下，品牌不能单纯将人视为消费者，还应将之视作品牌的共建者。

- 品牌要与核心人群共生发展，需要始终服务于人、为人们创造更多价值。品牌可以使用理想体验度模型，衡量品牌服务与核心人群需求之间的重合程度。搁浅态、迷航态与共生态，是三种常见态势。

- 品牌需识别核心人群，满足其本质需求。区别"主流人群""先锋人群""种子人群""潜在人群""影响人群""追随人群"和"理想人群"七类人群的不同特性，根据企业自身发展阶段，匹配关键人群，让有限资源的价值最大化。

- 通过体验旅程，品牌能强化巅峰时刻，填平谷底时刻，找准创新机遇。借助人物画像，品牌能深度理解核心人群。从场景到旅程，清晰记录人们对品牌体验的满意程度。

第 3 章

价值，从产品交易到品牌服务

品牌价值的感知升级 / 105

打造 360° 整体体验，全局塑造品牌 / 114

品牌长期主义，以体验战略持续创造价值 / 122

体验思维先行者 | 招商银行，开创金融体验新时代 / 133

品牌价值的感知升级

商业创新的本质是价值创新,
以新价值满足人们的新需求。
基于商业,注重人文。

品牌需要创造人们可感知的价值。
价值载体不再局限于产品,
价值互动也不再停留于交易。

泛服务,产品与交易进化

边界延伸,万物服务化

服务,既是内容也是方式。"泛服务"是指内容更广泛、方式更多元的服务。原本不侧重甚至不涉及服务的品牌,也开始为顾客提供服务;原本提供服务的品牌,开始注重数字化与生态化。和所有"泛XX"词汇一样,泛服务意味着服务的边界在延伸与扩张。

品牌价值的互动,正从交易向泛服务升级。人们通常在交易场景做出购买决策,因此大量的操作是围绕成交而设计的,不断利用人们规避损失(限价、限购)或者获取利益(优惠、返利)的心理来推动销售,甚至对顾客强拉硬拽,进行不实宣传或虚假承诺,从表面看在短期内取得了交易结果,其实是在消解品牌与人之间的互信,使两者渐行渐远。

商业的本质是创造价值。品牌与人的互动不止在交易环节,而是蕴含在让两者实现接触的所有泛服务之中。过往强营销的行业,如房产、汽车等,近年都在去营销化,真正向服务化、顾问化转型:万科的"26度阳光服务"[①]使人感受到恰如其分的舒适服务;蔚来汽车的NIO House[②]以协助人们获得深度体验为目标,不会去直接询问顾客是否订车。

品牌价值的载体,已从产品向泛服务延伸。产品对人们需求的满足,绝大多数非常聚焦。一个什么都是的产品,通常也就什么都不是。人们一边喜爱产品的同时,一边在受限于产品。博世的GBH2-26DRE

---

① 26度阳光服务: 2018年万科推出的销售服务概念,在看房买房的整个旅程中主张深度体验,不过度热情或冷淡,为客户提供润物细无声的舒适服务。

② NIO House: 蔚来汽车的用户中心,与传统4S店不同,它拥有七大模块:分享剧场、会议室、知识博物馆、咖啡厅、儿童乐园、产品体验区、休息区。

电钻性能强悍，但这并不意味着有了它你就可以将画端正地挂在墙上，你还需要测量、标点、选择钻头与钉子、做碎渣粉尘的预防与清洁。通过泛服务将产品整合起来，达成更好的体验已是商业趋势。

泛服务在赋予传统产品新的内涵与价值。过去咖啡是在店铺中一杯一袋地卖，现在星巴克和瑞幸都提供咖啡快送服务，此外，出版品牌"理想国"策划了名为"看理想"的文化生活品牌，其经营范围从视频、音频到酒、茶、咖啡类产品全部覆盖。你可以选择在看理想订阅咖啡，在12个月中跟随12位咖啡烘焙师，了解、品尝12种咖啡豆，同时品读不同的人对味道的不同诠释，也可以学习冲煮细节，了解世界不同咖啡产地与品种的故事。过去房企专注于造房子，近年来房企开始"去地产化"，向服务型企业转型。2018年万科推出了"新家观2.0"的产品概念，针对新中产人群提供了餐厨社交化、主卧小家化、主卫女主人化等新方向。2019年绿城在生活开发者大会中推出了"服务体系2.0"的服务概念，以数字化、构建会员体系、空间设计等手段整合服务，打造"5G"产品：G–HOUSE、G–LINK、G–BOX、G–SPACE、G–CLUB。这些都是向泛服务转型的典型。人们对房子的需求，逐渐从功能性居住进化为理想生活的达成。

扫码延伸阅读
《价值成就新增长：从房企变革看企业转型》

服务变革，向数字化与生态化转化

以提供服务为主业的公司，未来将进一步追求服务的数字化与生态化。传统服务数字化程度低，不同渠道间也缺乏整合，往往过度依赖人的服务，对个体感知直接而明确，对品牌感知却间接而模糊。没有经过整合的服务，只能提供割裂的功能性满足，只有生态化的服务才能为人提供完整而一致的体验。

威马汽车体验中心是数字化服务的典型。传统汽车销售服务中，大部分人第一次入店、接待交流、试乘试驾、订车购车、保养维护，都在与同一位销售顾问沟通接触。这位销售顾问呈现的产品卖点及其个人素养、调性、专业度为顾客带来一系列的直观体验，直接影响着顾客的判断与选择。虽然可以通过培训和管理来提高标准，但一方面难以科学量化，另一方面人的情绪与状态总有起伏。但威马汽车将体验中心定义为品牌展示与深度体验的场景，不涉及订单交易。从预约试驾到体验完成离店，只有接待顾问和体验专家两个角色为顾客提供帮助。从预约的确认与提醒，到现场的展示与互动，均有数字设备服务。人们在自由探索的同时，也在更加直接全面地了解威马汽车品牌。借助数字化服务，人们可以在威马体验中心自主体验。

联合办公中，WeWork、FUNWORK、INNOSPACE 都是生态化服务的典型。它们将传统的办公空间租赁、室内设计与装修、研发与技术、投资与融资等跨行业、跨学科的服务，整合进一个办公社区。整个社区自成生态，进而作为运营者持续提供包括人力、法律、媒体等资源不断孵化服务。WeWork 的"Powered by We"这一服务解决方案，不仅为入驻企业带来更好的体验，也有效赋能拥有不动产的品牌，实现多方共赢。

无论是产品与交易向泛服务的延伸，还是服务的数字化和生态化，都源于人们的需求越来越复杂，互联技术与数字技术越来越普及。品牌比以往任何时候都需要改变，为人们提供超越现有产品的延伸陪伴、超越交易的持续意义、超越传统服务的数字生态沉浸。

人文感知，品牌与人价值共鸣

以人为本，知行合一

"以人为本"这个词并不新鲜，甚至有些久远。中国春秋时期齐国国相管仲曾提出"夫霸王之所始也，以人为本"。[①] 这里的"人"指人民，是群体概念。

现代商业中的"人"是个体化概念，细分而垂直。在体验经济中，当品牌面对"究竟什么最重要""什么最根本""什么最值得我们关注"这些

[①] 春秋时期齐国国相管仲对齐国国君齐桓公说的话。意为，霸王的事业之所以有良好的开端，是以人民为根本，强调了人的重要性。

问题时,答案是唯一的:"人是最重要的,最根本的,最值得我们关注的。"

"知行合一"由王阳明①于1503年在贵阳文明书院讲学时正式提出,是心学的核心思想。大家对"知行合一"的体会并不一致,因为各自的角度与深度不同。在此引入"知行合一",是为了诠释我们应该以怎样的态度与方法创造"以人为本"的价值。

"以人为本,知行合一"在本书有两层含义。第一,持续理解内化。不将"以人为本"停留在对理念的尊重和认同层面,而是通过不断理解人,将认知与知识逐渐内化,形成认知迭代后的自觉。无"知",则无"行"。第二,注重实践感知。不将"以人为本"停留在品牌内部的了解与操作层面,而是通过商业实践使核心人群不断感知品牌创造出的"以人为本"的体验。"行"无效,则"知"不足。

诺基亚那句"科技以人为本"言犹在耳。曾经的芬兰巨人虽然仍旧不断推出9 PureView、X71这样的产品,但相较其昔日在全球移动终端市场占有率40%的成绩,差异巨大。2008年是诺基亚的发展巅峰,也正是在同一年,乔布斯发布了iPhone 3G。5年后的2013年,时任CEO的约玛·奥利拉(Jorma Ollila)正式公布诺基亚同意微软收购计划的消息,并发出最后的叹息:"我们并没有做错什么,但不知为什么,我们输

---

① 王阳明:明代著名的思想家、文学家、哲学家和军事家,陆王心学之集大成者,精通儒家、道家、佛家思想。

了。"然而在之前10年中,诺基亚对研发的投资一直是苹果的4～5倍。

为什么拥有这样的品牌基础与投入规模,诺基亚却现状如此?我认为是其"知行合一"的不足。诺基亚重视科技,却没有将"以人为本"在认知与实践上整合统一起来。品牌应当持续将对人的理解内化,进而创造人们可感知的价值。

共鸣原点,品牌人格化

如果人对品牌的价值认同程度不同,那么对品牌的态度也就截然不同。2018年,连续两起顺风车事件[①]让滴滴出行遭遇了广泛的声讨,因为滴滴违背了人们的道德观和价值观,引起了人们的反感;2019年,华为在美国的连续封杀下[②],收获了国内大众的一致支持,因为它的一系列应对举动充分激发了人们的民族自豪感,让人们对华为的举动产生了深刻的价值共鸣。这些典型案例都反映了,如果人对品牌的价值认同程

---

① 滴滴顺风车事件:2018年5月到8月间,河南郑州空姐与温州乐清女孩在搭乘滴滴顺风车时被害。相隔仅3个月的两起同类事件引起广泛舆情,滴滴道歉并于2018年8月27日将顺风车在全国范围下线。

② 美国连续封杀华为:2018年12月1日孟晚舟在加拿大被捕,此后波折不断,2019年5月16日美国总统特朗普签署行政令,禁止美国公司使用对国家安全构成风险的公司制造的通信设备。与此同时,美国商务部工业与安全局(BIS)宣布将华为列入所谓"实体清单",要求任何向华为出售产品的美国公司必须获得许可特批。

度不同，那么人们对品牌的支持程度也就截然不同。

我们为什么会选择、购买、喜欢、讨论一个品牌？过去常常是因为好用、好看、能更好地解决问题。未来这些因素仍旧存在，同时越来越多人更加关注：品牌如何看待我？品牌能够赋予我什么意义？我和品牌关系如何，三观合吗？

品牌如何与人取得价值共鸣？第一，做人，品牌人格化。第二，超越人，品牌一致化。

为什么品牌需人格化？平等、直接、真诚地共同成长是未来品牌与人的互动趋势，没有比"人与人"模式更适合的模式。人们越来越需要被尊重、被理解、被关怀，同时更加注重自我价值实现。品牌传统地本能物化或者自我神化，都已经过时。随着数字化的日渐普及和智能化的日渐成熟，品牌与人未来可以一对一地形成"人与人"。人格化使品牌的价值更易被感知，更具有温度、延伸性与可持续性。华为之所以在被美国连续封杀时获得力挺，很大程度上与华为调整品牌互动策略有关。华为的创始人任正非一改过去回避采访的状态，转而频繁与外界互动，直接而真诚地对核心人群"说人话"，将华为品牌从神秘感中释放出来，快速实现人格化。2019年5月那篇两万字左右的采访全记录，在国内外全网的反响可见一斑。

为什么品牌需要一致化？我们面对品牌时，恰恰希望无论何时何地品牌都能提供始终如一的体验，并将体验持续优化。人与人相处中则难以做到始终如一，即使面对同一个人，对方也会因为境遇、情绪甚至利益的变化，而改变与我们的沟通方式。招商银行正是实现品牌一致化的典型品牌，无论你是使用手机银行进行操作，还是到实体门店办理业务，招商银行为你提供的品牌体验都是整体而一致的，还会通过一些细节让你感受到"因您而变"的人文关怀。这样始终如一的品牌体验无疑会为招商银行极大地提升客户忠诚度。这就是品牌要一致化的原因。

打造 360° 整体体验，全局塑造品牌

究竟谁在定义品牌？
是品牌自身，还是我们每一个人？
如何塑造未来的品牌？

品牌是人们体验的聚合，
为人们带来 360° 可感知的整体体验，
已经成为全局塑造品牌的有效之道。

品牌塑造，从营销到体验

品牌，是人们体验的聚合

所有对品牌的体验聚合起来就是人们的"感知品牌"。无论是亲历或是被间接分享，每个人与品牌的每次接触都会生成体验，体验有时理

想,有时不佳,加加减减就是自己对品牌的认定。

比起品牌自己规划并落地的输出品牌,感知品牌更加真实。品牌的输出品牌与人们的感知品牌之间永远存在差异,有时甚至相去甚远。品牌在绝大部分时间,自我感觉都过于良好。

原点转移,从商业到人

过往官方定义的品牌,很大程度上会被人们接受,也就是所谓的"占领心智"。毫无疑问,营销在其中发挥了主导且不可估量的作用。有赖于营销的贡献,品牌价值不断增长,人们也能更快速地了解并选购商品。

菲利普·科特勒(Philip Kotler)、戴维·阿克(David Aaker)、唐·舒尔茨(Don Schultz)[①],都曾定义过营销。他们各有主张,同时交集于一个核心:满足人的需求。每位营销人都或多或少地怀揣着"以人为本"的理念。在实际工作中的更多时候,大家都在设法回答两个问题:如何提高声量与如何转化销量。如何使更多人正向了解我的品牌?如何使更多人购买我的品牌?这样的问题,更多是从品牌内部或者以行业内部的视角提

---

① 菲利普·科特勒:现代营销学之父,著有《营销管理》、《营销革命1.0》至《营销革命4.0》四册等;戴维·阿克:品牌资产鼻祖,著有《管理品牌资产》《创建强势品牌》等;唐·舒尔茨:整合营销传播之父,著有《整合营销传播》《战略性广告活动》等。

出的,对顾客没有任何价值。

　　人们的感知品牌越来越成为真正的品牌。长久以来,品牌的塑造主要依靠营销达成。随着互联技术与智能设备的普及升级,从产品到服务越来越多元的体验在不断影响甚至决定品牌的塑造成果。最近几年,大家对体验的关注越来越广泛与深入,从早先的理念认同,到切实着手改善自己的业务体验。这种转变意味着大家越来越认识到人的重要性与根本性,更反映了对品牌定义的话语权的转移。

　　如何塑造一个品牌?我们应当首先从人的角度思考:品牌现在与未来面对的核心人群是谁,他们在发生哪些改变,为什么会有这些改变,他们需要我提供怎样的价值?而非以传统方式首先从自身、行业、市场内部出发,以抢夺竞争的机会或创造差异性为目标,甚至以正确性来塑造品牌。

渠道消失,人与品牌连接变迁

　　人与品牌的连接方式,已经发生了本质上的改变。随着感知品牌越来越成为真正的品牌,渠道已经粉尘为触点,而触点正在空气化,(见图 3-1)。

　　从渠道到触点,本质是视角的转换。渠道偏向于品牌的视角,而非人的,人们不理会品牌如何管理渠道。举例来说,从品牌视角出发:

"电商如何投入,天猫、京东的品牌渠道如何升级?"或者"如何借助'双微一抖'① 整合运营?"从人的视角出发:"前几天,我在 XX 看到了一个 XX 真的很 XX。"或者"这个 XX,我在 XX 的时候体验很 XX。"对人而言,有接触才有体验。

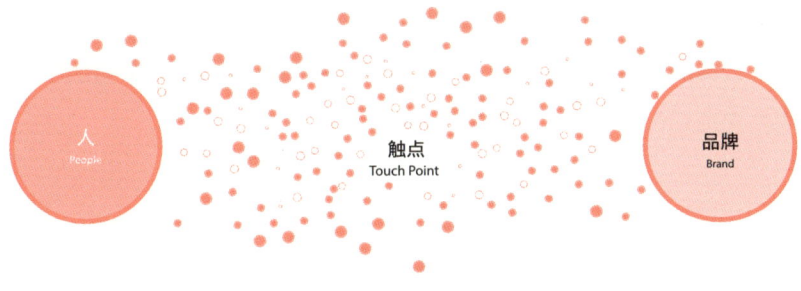

图 3-1 触点的空气化

人接触品牌,如同接触空气,无时无刻无处不在。过去很长时间,品牌与人的连接呈现单一、单向的特点,在未来将越来越呈现出复杂性、互动性、网格化的特点。在权重媒介一朝投放广告一年不愁的时代,早已不在。传统媒介的没落、分化、转型,有目共睹。时过境迁,从线下到线上,再到线上线下融合,连自媒体都进化到了 4.0 时代。事件、活动、功能、视频、图片、文字都已经成为连接的内容;社群、朋

---

① 双微一抖:微信公众号、新浪微博、抖音,品牌运营的标配基础平台。

友、产品、服务都已经成为连接的方式。品牌与人的连接将更加自然、高频、渗透。

只有清晰定义场景中的触点,品牌与人的连接才更有价值。你在手机银行 App 向其他人转账成功后,更需要什么,一张凭证的图片还是一个理财产品的推送?当面部皮肤过敏,你将如何寻求改善建议,联系有经验的朋友同学,还是自己通过百度、知乎、B 站、小红书进行搜索?提高品牌与人连接的效用,首先应当明确人们在场景的核心需求,然后才是对关键触点的规划。

360° 打造品牌整体体验

整体体验模型

如何缩小感知品牌与输出品牌的差异?如何使人们 360° 感知品牌的价值?品牌需要打造整体体验。

整体体验指品牌在核心场景中的触点,为人们带来 360° 的品牌价值感知,其中包括产品与服务体验、沟通体验、环境体验、行为体验(见图 3-2)。产品与服务体验,指产品与服务直接生成的体验;沟通体验指品牌与人在传达、互动、社交中带来的体验;环境体验,既包括线下空间为人们创造的体验,也包含数字化平台带来的体验;而行为体验包含在产品与服务体验与沟通体验中,或来自面对面的感知,或通过数字设备远程接触。

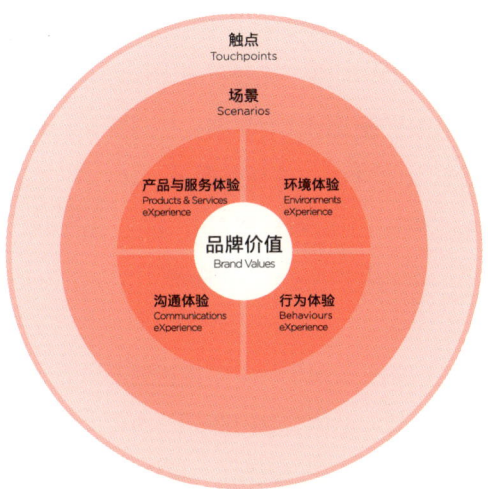

图 3-2 整体体验模型

迪士尼、苹果、招商银行、海底捞等品牌都为人们带来卓越的整体体验。下面以苹果为例来具体说明。我的多年老友与战略合作伙伴蒂姆·科比(Tim Kobe)[①],在 2001 年便受邀与乔布斯共同打造了纽约

---

① 蒂姆·科比:Eight 公司创始人兼首席执行官。T+8 是我所创立的唐硕咨询集团与 Eight 公司的战略合作体。

第五大道的苹果零售旗舰店,以此推而广之,苹果的零售空间已经成为其品牌的象征之一。

在产品与服务体验上,苹果是行业标杆。苹果的产品体验是目前全球电子消费品的标杆。在产品方面,大家对 iPhone、iPad、Mac、Apple Watch 等非常熟悉;苹果的服务体验也非常体贴,通过 iCloud,你可以安全保护并在各个苹果设备间实时更新文件与资料,AppleCare+ 可以提供专家技术支持以及额外的硬件保修服务,2019 年苹果更是推出了杂志订阅服务 Apple News+、游戏订阅服务 Apple Arcade、流媒体视频订阅服务 Apple TV+ 以及基于 Apple Pay 的虚拟信用卡 Apple Card。

在沟通体验上,苹果实现了从单向传达到双向互动的过渡。过去很长时间,苹果在中国的沟通体验都以高品质的单向传达为主。苹果每年的发布会总令人有所期待,每次都有大量粉丝观看直播,身临其境更是难能可贵的机会。苹果广告也一直非常出众,从早期的 1984、Think Different,到近年的 Shot on iPhone、Welcome Home 以及 2019 年的 Do one last great thing with it,都在持续传递品牌的价值观。2019 年初,苹果大幅调整,先后开通了官方微博"ShotoniPhone"与"Apple 支持",正式与国人互动。

在环境体验上,苹果不断被模仿,从未被超越。从 2006 年纽约第五大道的苹果零售旗舰店建成开始,苹果的零售空间体验一直是其亮点与标志。大面积的玻璃材质取代传统门面打造出通透感,放弃橱窗改为开放式的长桌，邀请人们尽情试用产品。时至今日这一切已经成为消费电子行业与传统零售行业学习甚至模仿的对象。苹果不断调整 App Store 中 App 的设计规范，并对产品发布严格审核，力求为人们带来一致、易用而美好的体验。

在行为体验上，苹果实现了直接价值观的传递。品牌员工所带来的体验，有赖于员工在品牌体验与组织架构中的定位，他们直接呈现了品牌的形象与文化。苹果"天才吧"的店员就是典型，"天才们"一直热情、积极而专业。与此同时，苹果也会以不同主题聚焦相应的人群，带来各色的行为体验，使人们在外部邀请的画家、摄影师、设计师、乐手、艺术家的分享与指导下亲手创造属于自己的定制产品。

产品与服务体验、沟通体验、环境体验、行为体验构成了人们对品牌价值 360° 的整体感知。品牌打造整体体验是个系统工程，需要基于对人物、价值、场景的定位，基于对体验愿景与品牌与人关系的规划，整体考量，有序落地，后文将进一步呈现整体体验的打造过程。

品牌长期主义,以体验战略持续创造价值

体验经济中,
品牌需要寻找适合自己的新战略。
看见不一样的未来,方能笃定前行。

聚焦以人为本、价值增长、长期主义,
体验战略已成为体验经济中品牌的战略选择。
对体验的投入,将为品牌带来持续与可观的体验回报。

体验回报,着眼未来聚沙成塔

体验回报是体验战略的长期持续回报,是聚沙成塔的结果。体验战略是品牌在体验经济中的战略选择。杰夫·贝佐斯曾说:"在亚马逊的经营上,有三大想法亚马逊已经坚持了18年,它们是亚马逊成功的原

因：客户至上、创新和耐心。"

体验战略的目标是，在为人们持续打造美好而有价值的体验的同时与人们共同成长，而非获取财务收益。赚钱是结果，不是目标。无论是打造品牌的整体体验还是形成品牌与人的共生关系，都是长期的过程，不在一朝一夕。大家熟悉的投资回报（Return on Investment，ROI），是一种分析阶段性投资收益的静态方法，而体验回报（Return on eXperience，ROX）是分析体验长期收益的动态模型，由更高额购买、更多人、更深度认同与更长期关系构成。图3-3展示了"体验回报模型"各个构成元素间的关系。

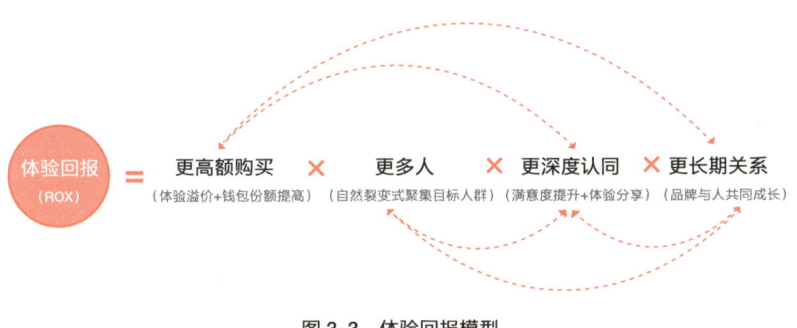

图3-3 体验回报模型

更高额购买，指当品牌带来更佳的体验时，人们愿意为体验买单，欣然拿出更多钱（钱包份额①），接受更高价格（体验溢价）的产品或服务。更深度认同与更长期关系都会推动更高额购买。

更多人，指核心人群裂变式聚集，人群规模源源不断地自然增加。更深度认同引发人们对体验的分享行为，更长期关系使这种分享持续存在。每个人都可能成为影响人群，吸引追随人群②的关注与聚集。

更深度认同，指当人们收获更佳的品牌体验时，除了提升对品牌满意度外，也会做出更多的口碑分享，人们将更愿意为品牌的产品或服务买单，即产生更高额购买。体验的分享将使更多人了解乃至喜爱品牌，即吸引更多人；同时也将作用于品牌与人的关系，使品牌与人之间容易形成更长期关系。

更长期关系，指品牌与人不断互动，共同成长，进而形成更长期关系，更长期关系也将推动更高额购买、吸引更多人与获取更深度认同。

我们再来看看那些以提供美好体验著称的公司的财务表现。2006年，加拿大数字体验公司 Teehan+Lax 做了一个实验。该公司认为"注重

---

① 钱包份额（Share of Wallet, SOW），指人们在某一个品牌上花费的钱占其总开销的比例。

② 本书第 2 章中归纳了对品牌带来差异性影响与价值的七类人群：主流人群、先锋人群、种子人群、潜在人群、影响人群、追随人群、理想人群。

提供美好体验的品牌将在股价上获得回报"。为验证其想法，Teehan+Lax 建立了"体验基金"，并投入 50000 加元（约 44247 美元）购买 10 家提供美好体验的上市公司股票，分别为每家公司投入 5000 加元（约 4424.7 美元）。这 10 家公司及其股票代码分别为：苹果（AAPL）、谷歌（GOOG）、捷蓝航空（JBLU）、奈飞（NFLX）、耐克（NKE）、前进保险（PGR）、塔吉特（TGT）、雅虎（YHOO）、RIM（BBRY）与艺电（EA）。2006 年上述公司并没有现在这般成功。那时苹果还没有发布任何一部 iPhone，谷歌尚未推出安卓操作系统，奈飞也未推出流媒体服务。但这 10 家公司自那时起就在着力为其核心人群带来行业中最佳的体验。

10 年后的 2016 年，体验基金的业绩表现跑赢了纳斯达克指数。体验基金投资的 10 家公司中股票上涨的有 9 家。相比 10 年前，纳斯达克上涨了 93.2%，而体验基金上涨了 450.1%。10 年前体验基金投资的 50000 加元（约 44247 美元），2016 年可以升值为 322557 加元（约 250044 美元）。

体验战略，PPDI 四阶段

战略选择永远不止一种，品牌的选择通常体现了品牌的价值观以及价值观所定义的战略目标。人、价值、可持续是在体验经济中探索商业创新的三个关键维度：体验思维中人不只是消费者，还是品牌共建者；价值不再局限于产品交易，而是侧重品牌服务；可持续不再局限于供需关系，而是构筑共生系统。基于体验思维，体验战略将能够帮助品牌创造进一步的价值。

"体验战略"分为四阶段，分别为：定位（Positioning）、规划（Planning）、设计（Designing）、实施（Implementing），简称"PPDI"（见图 3-4）。

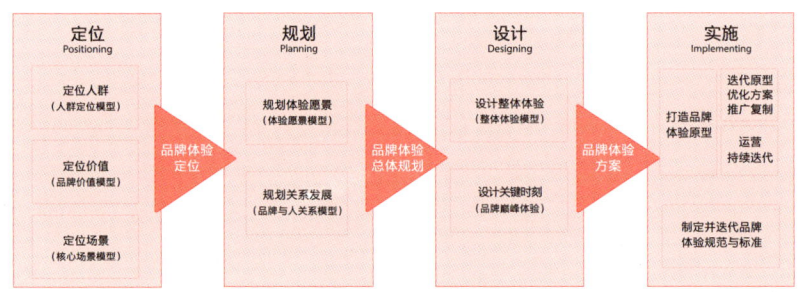

图 3-4 体验战略

定位，指对人、品牌、场景三者进行定位，主要解决"谁是品牌的核心人群？""核心人群需要品牌提供怎样的价值？""这些价值在哪些核心场景被核心人群感知？"这类问题。这一阶段最终将生成"品牌体验定位"。

规划，指基于品牌体验定位生成"品牌体验总体规划"。品牌使用

"品牌与人关系模型"规划品牌与人的关系发展，框定品牌目前最重大的瓶颈与挑战集中在哪个位置，关键问题是什么，使用"体验愿景模型"将品牌体验定位进一步标定为明确的体验愿景。品牌对关键问题的解决思路，以及对体验愿景的达成，将体现于品牌体验总体规划。

设计，指基于品牌体验总体规划生成品牌体验方案。品牌可以使用整体体验模型，在产品与服务体验、环境体验、沟通体验、行为体验四个方面设计一致而有价值的品牌体验。同时着重打造令人印象深刻的关键体验时刻，成就巅峰体验与品牌差异。

实施，指将品牌体验方案循序渐进落地的阶段。品牌在打造并迭代原型的同时，不断优化品牌体验方案，进而形成标杆性的品牌体验范例，为后续的推广、复制与运营做准备。整个过程中，被不断打磨的品牌体验规范与标准，一直在发挥作用。

定位、规划、设计、实施，体验战略在每个阶段都不断迭代，迭代的节奏各异。定位最慢，实施最快。当体验战略形成生生不息的正向循环时，就是在围绕人不断提供可感知的价值，达成可持续发展。

首席体验官，新角色新使命

影响体验战略效果的因素很多，其中最关键的是两点是：体验在企业中的成熟程度，以及体验在组织架构中的受重视程度。两者是体验战略的底层基础。企业对体验的认知处于不同阶段，体验战略的过程与结果也将大相径庭。

从投身体验行业的第一天起，我就开始思考体验对企业的价值与意义。这个思考 16 年来从未停止，无论是在 2004 年联合发起 UXPA 中国（中国首个体验行业协会）并连续 10 年以主席身份推动协会发展的过程中，还是 2007 年创办唐硕体验咨询，以首席体验策略师身份与各个品牌的合作中。企业在不同的发展阶段，体验对企业的价值与意义也不尽相同。结合布鲁斯·特姆金（Bruce Temkin）[1]的体验差异化与里奇·布蒂列瑞（Rich Buttiglieri）[2]的用户体验成熟度模型，以及与众多品牌合作的经验，我进一步提出"品牌体验成熟度模型"。品牌体验成熟度模型（见图 3-5），分为五个阶段：不受重视、分头自发、有序管理、有机整合、体验驱动。

第一阶段：不受重视阶段，品牌体验被认为是不重要的，这通常发生在技术驱动型的初期公司。虽然新技术生成的产品或服务可能带来新体验，但这种体验可能并不是人们最需要的。

---

[1] 布鲁斯·特姆金：用户体验资讯公司 Temkin Group 的管理合伙人与消费体验转型师，同时也是用户体验协会 CXPA 的联合创始人。

[2] 里奇·布蒂列瑞：用户体验总监，供职于提供人力资本管理（HCM）解决方案的全球知名企业 Sumtotal。

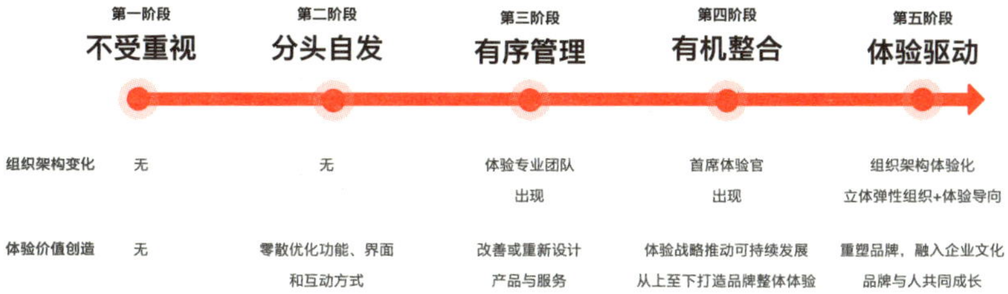

第一阶段	第二阶段	第三阶段	第四阶段	第五阶段
不受重视	**分头自发**	**有序管理**	**有机整合**	**体验驱动**
组织架构变化				
无	无	体验专业团队出现	首席体验官出现	组织架构体验化 立体弹性组织+体验导向
体验价值创造				
无	零散优化功能、界面和互动方式	改善或重新设计产品与服务	体验战略推动可持续发展 从上至下打造品牌整体体验	重塑品牌，融入企业文化 品牌与人共同成长

图 3-5　品牌体验成熟度模型

第二阶段：分头自发阶段，品牌没有投入资源去提升体验，所有的改善都是自发与点状的。不同角色会从各自的角度，零散地提升体验，改善功能与界面。体验被当作锦上添花的东西，而非创造价值、达成差异化的有效之道。

第三阶段：有序管理阶段，品牌开始投入资源，招募并成立集中式的体验专业团队支持其他部门，从提升重点产品与服务的体验，逐渐发展至改善品牌与人的所有接触。有的品牌开始着手从内部建立与执行一整套体验机制流程。

第四阶段：有机整合阶段，品牌将体验视为其战略要素，开始从上至下，整体考量并打造体验。企业从集中式的体验管理，开始转向体验渗透，将体验与各个部门、组织有机融合，力求在明确整体体验方向时，整个品牌协调统一。

第五阶段：体验驱动阶段，大家内驱地用体验创造价值。体验成为企业的基因，融入企业文化，对企业所有的人与事发挥原生的作用。体验在有序的定位、规划、设计、实施中生生不息地迭代，使品牌不断发展。

体验战略作为企业的战略选择，需要决策者的牵头推动。在品牌体验成熟度模型的有机整合阶段，首席体验官（Chief eXperience Officer，CXO）应运而生。

2012 年开始涌现的首席体验官，要么偏营销与运营的噱头性角色，主要出现旅游、出行、酒店等行业品牌中，负责以先锋人群的视角，记录、分析、分享自己的体验；要么偏产品经理的角色，同理用户对产品体验进行孜孜以求的改进。

2016 年开始出现的首席体验官，与首席执行官（CEO）、首席财务官（CFO）同属"C-Level"企业高管，与之前的定义大相径庭。首席体验官（CXO）的使命是，负责制定并管理品牌的体验战略：对外使品牌价值被核心人群充分感知，对内使各个部门或组织对品牌体验定位横向一致，围绕品牌体验总体规划的推动与落地互相紧密支持。近年来首席体验官开始负责管理价值增长，如体验溢价、口碑管理、增长创新等。

2019 年 8 月 28 日，凯利・史密斯（Kelly Smith）担任安利全球首席体验官，负责管理安利全球的品牌体验，包括数字创新、大数据、体验中心等。他曾是星巴克全球产品副总裁，负责带领设计、产品管理、工程和测试团队，为星巴克开发广受好评的数字化体验。凯利·史密斯也曾担任过美高梅国际酒店集团的高级副总裁与首席数字官，领导全面的数字化转型，提升集团旗下酒店、会议中心、娱乐场所的体验。

首席体验官并非一种固定的角色，而是一种组织能力。这种组织能力体现在决策层的重视与专业背景上。首席体验官的职能，可能由首席执行官带领几个C-Level高管共同肩负，也可能是由其中一位关键的C-Level高管牵头。服务主导的行业，首席体验官将不断涌现。偏营销的品牌，首席体验官的职能将由首席营销官（CMO）延伸；重视运营的公司，首席体验官的职能则将由首席运营官（COO）负责，以此类推。

首席体验官出现的同时，企业内部也在"组织架构体验化"。尤其是在品牌体验成熟度模型的体验驱动阶段。组织架构体验化有两类发展：立体弹性组织与体验导向。

立体弹性组织是三维空间的，不同于树形组织和海星型组织的二维平面。体验战略需要不同部门中的不同角色，共同基于品牌体验总体规划，朝着体验愿景协同一致地工作，与以往围绕各自的局部目标分头推动大相径庭。组织内将频繁发生跨部门跨角色的互动。二维结构限制人与人的充分连接，相反立体的三维结构可以激发人与人的连接。整个组织弹性地立体发展，每个人都在一定时间内成为核心，随后再为其连接者赋能。由于体验战略是决策者工程,首席执行官或首席体验官一直是核心中的核心。

"体验导向"是指组织在调整时,以体验为首要目标,知行合一。以我们的团队为例,我们有一个员工体验团队(Staff eXperience Team),传统组织内通常称之为行政与人力资源部。这种调整并非停留于团队名称或个人头衔上,而是将整个团队的目标定义为,以不断改善员工的体验为导向,基于对人的信任与鼓励,为大家高效愉悦的工作生活提供支持,与传统怀疑与惩罚的防微杜渐相去甚远。类似的团队我们还有 8 个,大家共同为员工、媒体、机构、合作品牌带来一致而有价值的品牌体验。

体验思维先行者

招商银行，
开创金融体验新时代

案例品牌：招商银行

案例跨度：2013—2016 年

案例结果：国内金融业内，招商银行是率先以体验视角完成整体转型的零售银行品牌，曾在国际权威财经杂志《亚洲银行家》(*The Asian Banker*)评选中荣获"中国最佳零售银行"荣誉。

案例价值：招商银行开创了中国金融体验新时代。

本案例将关注以下关键问题：
· 招商银行在互联网金融浪潮中面临哪些挑战？
· 招商银行如何调整、改变、升级自身？
· 如何定位招商银行的品牌整体体验，使其升级并落地？

2013年对中国金融业来说并不寻常，互联网金融行业"山雨欲来风满楼"。彼时，时任招商银行零售银行部总经理的胡滔与我在一次名为"未来银行"的金融论坛上，分享了对未来金融、体验、商业的思考。我们思维上的碰撞和共鸣，为此后的战略合作埋下了种子。

我作为首席体验策略师，带领团队与招商银行在战略性项目上深度合作，完成了体验策略的制定，以及品牌整体体验的升级与落地。现在回顾这些，将更加清晰整个合作对金融行业的历史影响，也利于其他行业拥有触类旁通的收获。

搅局者，也是敲钟人

2013年是互联网金融元年，余额宝一石激起千层浪。从以支付宝为入口的购买交易到收益返还，整条零售链条被打通。凭借当年远超四大行活期利率（0.35%）的年化收益（6.084%），以及近乎零的准入门槛和易操作性，余额宝在一个月内开户超400万、吸储过百亿元。

短短4年，余额宝超越摩根大通的美国政府货币市场基金，成为全球最大的货币市场基金。互联网理财市场规模翻了近15倍。全民理财风潮一夜兴起，"懒人理财"已深植人心。即使"低风险，高回报"的红利期早已不复存在，这依旧无法阻止人们将闲置资金存入余额宝，背后的金融品牌生态和整体体验是关键。图3-6展示了阿里巴巴的金融品牌生态与银行业务之间的对比。

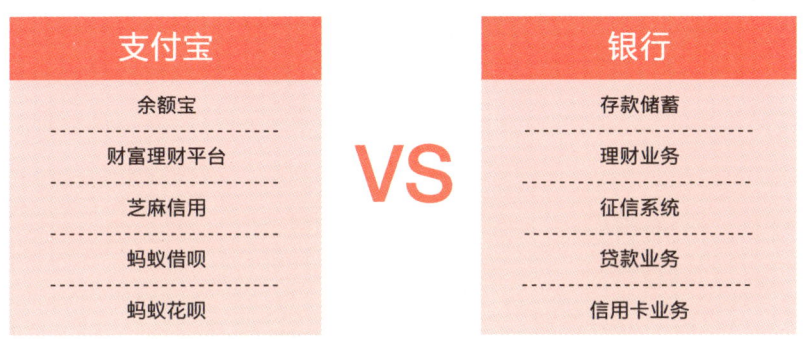

图 3-6 阿里巴巴金融品牌生态与传统银行业务对比

对传统金融业，余额宝既是搅局者，也是敲钟人，在分走蛋糕的同时，唤醒了传统金融业对体验含义及价值的新认知。马云在 2008 年曾表态："如果银行不改变，我们就改变银行。"这句"狂言"在 5 年后开始展露雏形。面对突如其来的冲击和颠覆，传统金融机构不得不调整姿态，做出改变。

转换视角，从人出发

移动互联时代兴起，催生了人们对金融体验的更多期许。

"为什么我每次去网点办理业务都要排数小时的队?"

"用网银转账还能再复杂一点吗?"

"银行能不能不要三天两头给我打电话推销了?"

"办张信用卡为什么花那么多天?"

人们渴望收获更好的金融体验,却一直得不到回应。彼时的招商银行,无疑是国内线上化程度最高的零售银行之一。但安于现状意味着被淘汰,唯有捅破天花板才能看到新的机遇和格局。

一刀切的客户分层

以低利率吸纳存储,再以高利率释放贷款,中间的利差是银行主要的盈利来源。因此,存储是银行的命脉。

传统银行通常以资产规模来划分等级,对客户进行分层管理。在招商银行,资产小于 5 万元的为大众客户,大于 100 万元的则是钻石客户及私人银行客户。由下而上,比例依次递减,呈金字塔状分布,不同层级享受着差异化服务。这种以静态财富为划分标准的分层管理方式,看似高效且符合逻辑,实则存在三个弊端。

一是银行过分聚焦优质客群,忽视了位处低层级但基数庞大的人群,最终存款的巨大长尾被余额宝纳入囊中。

二是忽略了人的长期价值，过滤掉大量极具潜力的优质群体，像是初入职场的白领，或是受过良好教育的大学生。即使他们当下没有太多资产，并不代表他们未来不会有。

三是拥有同等资产规模的不同客户，需求也有可能截然不同。同样是理财，拥有专业背景的客户会优先考虑产品组合和效率，而没有专业背景的客户在前期则更关注知识输入和资产安全。

无效的价格拉锯战

金融业是高度标准化的行业，业务体系和商业模式存在高度的一致性，即大家提供一样的产品和服务，且少见创新，原因是大家都在用同一视角和规则做事。因此，中国零售银行之间的竞争很容易爆发在价格战上，结果是挤压自身的利润空间。

这是否意味着招商银行只能通过提升金融产品的定价能力来实现差异化竞争？我们不妨把目光投向其他零售行业。

沃尔玛起初进驻中国市场时，发现中国人和美国人的生活习惯大不相同。在美国的卖场里，熟食制品通常只占店面的 10% 以下，而中国这一比例在 50% 左右，可见中国人对熟食制品的热爱，沃尔玛因此调整了熟食产品的比例。

同样在送货方面，因行程较短且道路通畅，美国人往往会选择自驾前往超市。但该方案对中国复杂而拥堵的城市交通并不适用，加上人们已经依赖于网购商品，沃尔玛最终选择了与京东共建线上零售体系。

跳出思维定式，回归人的视角，我们会发现产品仅仅是品牌价值传递的载体之一。除此之外，仍存在许多值得尝试的机会和突破口。

品牌体验的屏障

在 30 秒内说出可口可乐或者耐克的宣传语，这对你来说轻而易举。但换作是招商银行呢？

金融品牌的低溢价属性，让人难以感知除价格外的额外价值。举个例子，女性消费者通常会纠结购买什么牌子的包，但在存款时却很少会在意把钱放进哪家银行。这是因为金融产品的价值与价格的关系非常直接而透明，价格差异对客户行为选择的影响要远远大于金融产品本身的品牌。

另一方面，招商银行在众多触点下的体验差异巨大，没有形成一致的品牌整体体验。过往，传统金融服务多依赖于员工的专业性。人们对品牌的印象很大程度上由与这些员工的接触过程所决定，因此模糊而参差不齐，各渠道之间也缺乏整合。

银行由内而外的视角，是其体验升级的最大屏障。长期以来，银行多以达成交易为目的在行事。摆在第一位的是风险和效率，而不是服务和管理。换句话说，当银行在研发产品或服务客户时，往往从业务逻辑出发，确保流程的绝对正确性是前提，其次是各环节的效率最大化，最后才会考虑到人。

因此，像资金即时到账、转账免手续费、收益实时计算、卡号自动填充等现在看起来理所应当的功能，在当时都可以说是天方夜谭。即使有这般想法，也很难将其实现。

面对上述这些挑战，招商银行以传统金融业先行者的角色，向体验迈出了第一步。我作为首席体验策略师与招商银行共同定位了两个关键目标：

1. 制定以移动为中心的发展策略；
2. 定位招商银行品牌整体体验，实现全方位升级。

制定以移动为中心的发展策略

金融行为探索

想找准方向，首先要知道：招商银行的客户是谁？他们有什么样的特征和生活方式？他们在什么情况下会使用金融产品和服务？

将家庭收入、消费观念、消费水平及方式、理财习惯、银行各渠道服务接入场景及使用习惯、互联网产品接受度等关键信息梳理一下,可以得到一张完整的客户成长全景图(见图 3-7)。

不难发现,人生阶段是影响人们金融行为的核心因素。学生初入职场,其资金来源和收入账户同时发生了改变(家庭到工资、校园卡到公司卡),但对资金的整体使用方式却没怎么变。原因在于他们仍处在财富的平缓增速期,养活自己、过好生活是主要诉求。另一方面,一旦从单身生活过渡到家庭生活,人们的主要金融行为将从消费向理财倾斜,对财富的管理方式将成为各家庭间金融行为的主要差异点。

以移动为中心

互联网风口下,催生出了一个被大众普遍认可的观点,即未来一切事务都应该通过手机上的 App 来完成。

事实是,虽然人们经常使用手机办理金融业务,但使用手机不一定是其最优先考虑的方式。据唐硕研究发现[①],就投资理财而言,人们会优先选择通过网银学习理财知识、获取信息及购买产品,其次会通过网点,再来才会通过手机银行,最后是电话银行。

---

① 参考唐硕发布的《招商银行用户定性 & 定量研究》。

第3章 价值，从产品交易到品牌服务　　141

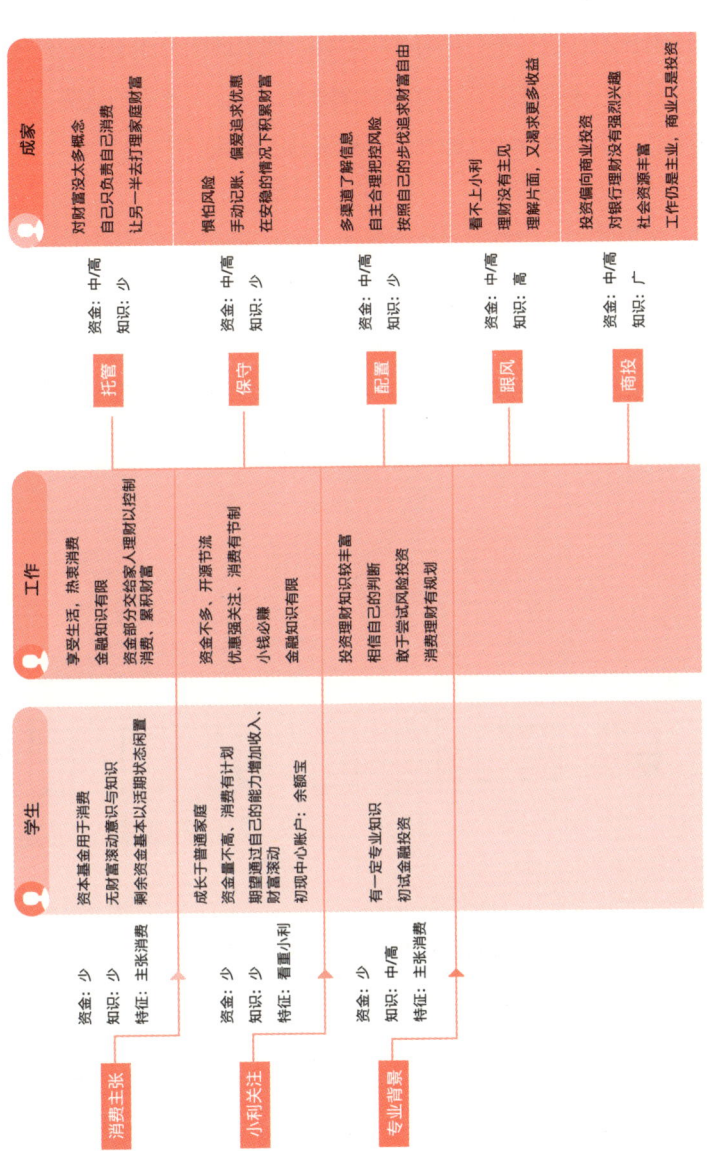

图 3-7　客户成长全景图

各个渠道,各有所长,但协作性欠佳。网点的优势在于客户经理专业知识的输出、风险控制、资金安全保障等,网银专业版的优势是全面的功能覆盖,手机银行的优势则在于操作的移动性。

不同场景下,渠道应根据自身属性,扮演承载不同功能的角色。比如,线上渠道适合为客户提供类似于余额查询、转账、预约、表格填写等频繁而快速的业务;线下渠道则更适合提供借贷、投资理财等偏个人化的、情感化的互动性服务。图 3-8 展示了金融行为交互模型。

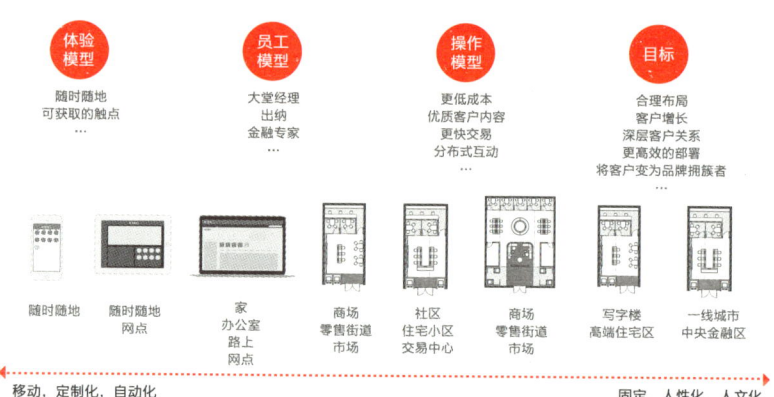

图 3-8　金融行为交互模型

合理的渠道组合能够将高成本且稀缺的人力资源,从低利润产品(如查询余额和转账)释放到高利润交易产品(如财富管理产品和贷款)

中，以促成更高转化。

尽管手机在人们的生活中发挥着越来越多的作用，但并非要取代所有线下服务。多数时刻它更像是一个中转站。这点微妙但重要的区别表明，与其说未来是一个"移动优先"（手机优先于其他渠道）的世界，"以移动为中心"（手机是连接线上线下触点的中心）会更为准确（见图3-9）。

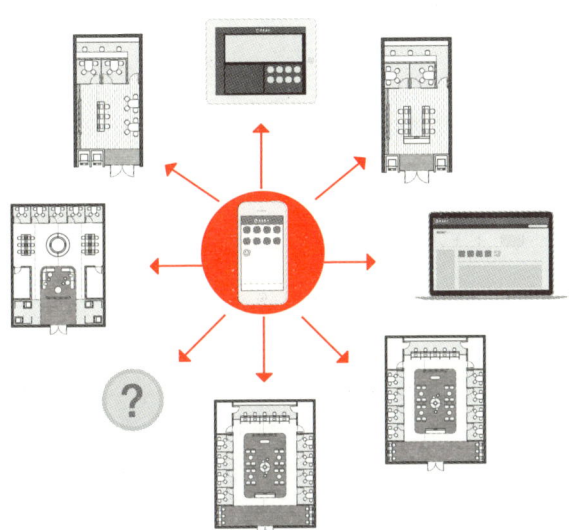

图 3-9　以移动为中心构建银行服务网络

校准视角后，以下几个问题应运而生：如果将手机作为招商银行与人的触点中心，它应承载哪些业务模块和功能？该如何与其他渠道相关联？线上和线下该如何连接？

全触点升级，打造品牌整体体验

品牌整体体验塑造是系统工程。人们对品牌的感知由各个触点下的真实记忆交织而成。单纯设计一个响亮的口号并没有任何意义，关键在于如何传递价值，并让人们有一致的感知。

为达成360°的品牌价值感知，首先需要定位关键场景，针对产品与服务体验、行为体验、环境体验、沟通体验四个维度逐一梳理和升级。

产品与服务体验

在以移动为中心的核心策略中，手机银行扮演着至关重要的角色，而招商银行也确实在早年便开始了对手机银行的研发和推广。

从表面看，人们似乎得到了更多的选择。但事实上，体验却未能因此提升，人们甚至陷入了更窘迫的旋涡之中。在先前的版本（1.0版本和2.0版本）中，招商银行将线下业务挪到了线上，但功能设计和交互逻辑仅仅是还原标准流程本身。例如，用户在登录手机银行时，其路径延续了银行卡号、证件号等多种线下传统登录体系，烦琐的操作让人容易陷入烦躁、焦虑，反复失败几次甚至会破口大骂。作为移动 App 来讲，统一的互联网账户体系是必要的基础，这催生了后来基于手机号的一网通登录概念的设计落地。

我与招商银行的联合团队曾内部调侃："先别想着一下子做出完美的手机银行，能让客户说出'转账真方便'就算是第一个里程碑。"在银行过去的业务逻辑中，只有账户的概念，并没有人，所以即使是同一名下的信用卡和借记卡，也会被分开管理。

而作为一款"我的"手机银行，人们应该可以直接而清晰地看到名下的总资产并实时管理。因此，在招商银行手机银行 3.0 版本中，我们率先将所有卡片信息和常用功能整合在了一个页面下，人们能够一目了然地看到自己的财务状况，同时快速完成查询、转账、还款、生活缴费等大部分功能。

同样在财富板块，传递的应当是"帮你赚"的理念，取代那些充满推销意味的产品列表和晦涩难懂的产品说明，人们看到的将是根据其财务状况推荐的理财建议。

极简金融的背后，是人们意想不到的复杂。前端的一切改动都需要后台能提供强有力的支持：打破传统业务流程、梳理全新的功能架构、转变管理模式、整合平台、集中共享资源等等。招商银行手机银行 3.0

版本，是业内率先践行以人为本原则的手机银行，往后每次迭代无不建立在人的逻辑上，金融和生活的边界日趋模糊。

行为体验

电话销售是银行过去向客户推销理财产品的主要途径。每个网点都会给客户经理下任务指标，即一天要拨打几通电话。可实际上，转化率能有多少？被打扰的客户又有多少？人力成本是否能平衡？

金融产品属性、行为过程及交付形式，与其他行业有着本质上的区别。首先，金融产品高度抽象，对债券、股票等的描述，远不像零售商品的尺寸、材料等容易理解；其次，金融产品以纯数字化形式交付，没有一般商品的实体到货签收感觉真实；最后，金融过程与结果具有不确定性，比如人们在购买股票之后，心理上没有像预定航班之后那样的确定感，尽管飞机也常有延误或取消的可能。

正因如此，金融销售会更加困难，与客户之间建立并维系信任关系，就显得尤为重要。这种情况不只发生在推销理财产品时，推销贷款时情况亦是如此。对于那些有大量贷款需求的小微客户（小微企业主、个体工商户）而言，他们通常不具备专业的金融知识，也没有大公司的资源、实力和精力去分析比较各家银行的贷款业务，他们期望银行和客户经理能实地了解其企业现状和诚信为人，从而给予合适的资金支持，建立长期密切的合作关系。

由此可见，人们需要的不是推销经理，而是一个真正懂他们并设身处地为其考虑的财务顾问。针对这一洞察，招商银行不再依仗过去强拉硬拽的兜售模式，而是根据人们的实际情况（资金、需求）推荐最优的投资组合。

环境体验

网点，作为曾经的流量中心，是人们对银行形成品牌整体印象的关键触点，但其体验却不尽如人意。

- 分布不合理。一个网点人满为患，而200米开外的另一个网点却门可罗雀，人力资源得不到有效利用。
- 效率低下。无论是谁办理何种业务，客户经理都要亲力亲为，一律引导至柜台，缺乏定制化的服务。
- 欠缺配套服务。比如，网点附近难停车、家长在办理业务时无法安置孩子等。
- 空间缺乏安全感。传统的"三区合一"设计（体验区、等候区、填单区）完全开放，缺乏私密性。

针对这些问题，我作为首席体验策略师，蒂姆·科比作为首席空间体验设计师，一道制定了以"超级银行"（Super Bank）为核心概念的解决方案。

新网点内部一共划分为填单区、等待区、电子银行体验区、销售区四个核心体验区域。客户进门,先经由客户经理进行身份识别,进一步分流至合适区域,提供差异化的服务。设备和家具则采用即插即用的模块化设计(见图 3-10)。即使哪天网点需要迁移,所有柜台也都可以拆走再利用。

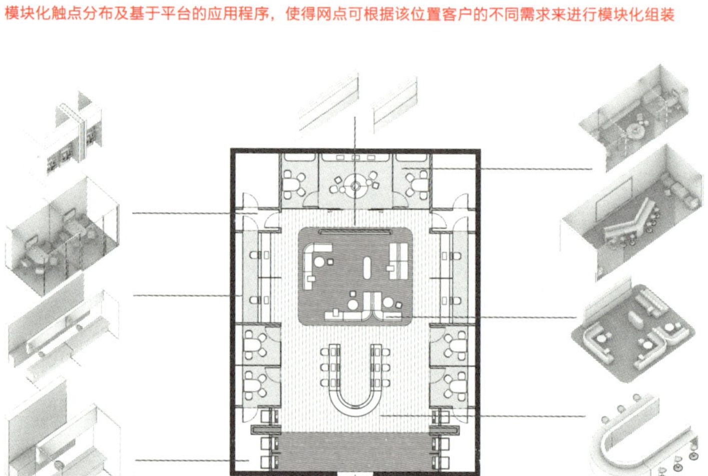

模块化触点分布及基于平台的应用程序,使得网点可根据该位置客户的不同需求来进行模块化组装

图 3-10 网点的模块化设计

在此基础上,根据区域、客户属性及需求,网点将有能力实现更具个性化的设计。比方说,像 CBD(中央商务区)这样客流密集(多为青年精英和中年中产阶层)、业务需求量较大的区域,可以优先设置大

面积,且能够提供理财投资和现金存取业务的网点;相对而言,在一些中高档的社区,则可以选择小面积,侧重于提供咨询服务的网点类型。

结合线上渠道,人们在去线下网点前,可以根据自己的业务所需先行查看并预约周围合适的网点。银行则能够据此实现集群范围内的资源灵活调配,让排队的问题得到解决。

沟通体验

虽然余额宝在 2013 年就成功占领了"理财小白"市场,但这并不意味后继者无法超越。现有客户的成长阶段和新时代人群的出现,都有可能成为下一个周期拐点。

传统银行的固有思维是如何从人们口袋里掏更多钱,而不是如何与人们共有一个口袋。如果招商银行能够在年轻群体的弱势阶段,例如学生时代或职业生涯早期与之建立起信任关系,帮助其实现财富增值,将更有利于他们形成中心账户体系(见图 3–11)[①]。

多卡绑定是人们在一家银行下形成中心账户的关键原因。一个关键洞察是,同行双卡(借记卡 + 信用卡)绑定客户的一个显著特征是,双卡客户对信用卡的使用频率相较于单卡客户会更高。当关联的账户增加

---

① 中心账户概念由招商银行率先提出。

时，人们对还款、网购、转账等关联性需求都会有所提升，也将更容易形成中心账户。

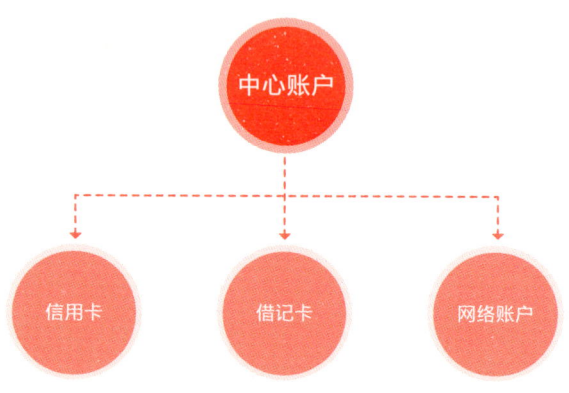

中心账户像交通枢纽，将各类卡和账户绑定在一起

图 3-11 中心账户形成结构图

因此，同行双卡组合的争夺至关重要。让仍在求学时期，普遍还没有信用卡的学生，在毕业后进入职场时快速建立起"借记卡+信用卡"的双卡体系，将会是一个最佳的切入时机。

重构与渗透

重构

传统银行组织常以业务单元来划分部门,彼此独立运营,以达到单点的输出最大化、效率最大化(见图 3-12)。这种架构形态存在几处问题:

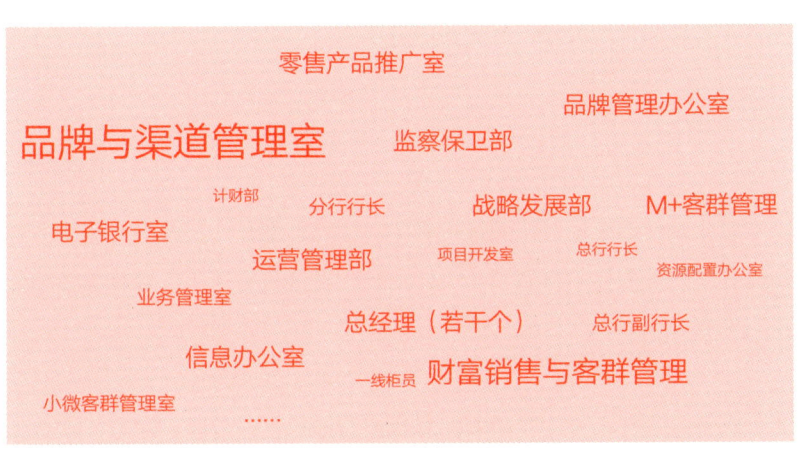

图 3-12 传统银行组织架构

- 数据壁垒。部门各自管理业务数据,大量数据零散分布,得不到有效处理,无法发挥价值。

- 不敏捷。无论在横向还是纵向,不敏捷带来的不可避免的后果是沟通成本的上升和效率的下降,决策和执行会变得异常艰难。
- 冲突和分化。当面临共同决策时,部门往往会从自身业务视角看问题,而不是全局思考。自下而上,难以统一。

轮子越多不代表跑得越快,没有统一朝向,将寸步难移。为实现招商银行品牌整体体验的升级和落地,最大的难题不在设计,而是如何让组织内部能够形成统一战线。这不但要求银行能建立起以塑造体验为导向的数据挖掘和统一管理,更需要部门之间相互协作,集中和共享资源,开发新的管理流程,避免闭门造车。

渗透

假使合作结束后,招商银行仍旧以传统思维和方式做事,那么不管当时各模块下的体验得到了多大的提升,经过几次迭代,最后势必又会退回到原点。

庆幸的是,迄今你我依旧能看到招商银行在以最高标准力行体验思维,无数优质体验在品牌生态中落地生根。

(我们要)从交易思维转向客户旅程,重新定义银行服务逻辑和客户体验。交易思维是商家立场,服务旅程才是客户立场。要打造最佳客户体验,银行必须从客户立场出发,全流程设身处地感知并改变银行的产品逻辑、服务方式和交互设计。为此,我们把体验工作上升到前所未有的高度,无论是零售金融还是公司金融,都建立了体验监测体系,实时感受客户的感受,并快速反馈改进。我们要搭建强大的数字化业务中台,力求以智能化方式为线上客户服务平台和一线客户经理赋能,从根本上提升客户体验。

——田惠宇,招商银行行长

结语

作为先行者,招商银行成功转型,成了第一个从人的视角出发,整体审视和改造自身业务的零售银行品牌,为中国传统金融业开启了体验新时代,此后,各家金融机构逐渐跟进。案例以公开信息为基础,力求呈现进一步的解析。

时至今日,体验已经成为各行各业正在做或是将要做的标配,既是必选项,也是加分项。未来,体验仍将继续延伸边界,为品牌和人创造更多的价值。

如何实践体验思维

- 感知品牌,汇聚了人们对品牌的所有体验。品牌价值的载体,已经从产品向"泛服务"延伸。比起以往品牌单向规划并落地的输出品牌,企业更应着力塑造整体、完整的感知品牌。

- 打造360°整体体验,可以全局塑造品牌。全局品牌体验包括产品与服务体验、沟通体验、环境体验和行为体验。清晰定义各种场景中的触点,能让品牌与人的连接更有价值。

- 体验战略可以帮助品牌为人们持续打造美好而有价值的体验,并与人们共同成长。赚钱是结果,而非目标。体验战略分为 PPDI 四阶段:定位、规划、设计与实施。

- 体验回报是体验战略的长期持续回报,是聚沙成塔的结果。品牌可以使用四个关键指标用来衡量体验回报:更高额购买、更多人、更深度认同和更长期关系。

- 设立首席体验官可以帮助企业制定并管理品牌的体验战略,围绕品牌体验总体规划,对内一致品牌体验定位,对外使品牌价值被充分感知。

第 4 章

可持续,从供需关系到共生系统

品牌与人,双向互动共同成长 / 157

人与人,分享体验成就口碑 / 166

品牌与品牌,跨界赋能多维共生 / 176

体验思维先行者 | 威马汽车,重新定义人、车、城市的关系 / 184

品牌与人,双向互动共同成长

过去,供需关系推动可持续发展。
对品牌而言,这意味着要比竞争对手更早一步把握市场机会,
才能赢得更大的市场份额。

现在,共生系统成就可持续发展。
对品牌而言,这更加复杂与多维,
品牌与人、人与人、品牌与品牌的关系都囊括其中。

关系迭代,共生系统成就可持续发展

长久以来,商业环境中的关系多表现为供给与需求的单元关系。以竞争为导向的企业,每每希望发现新的市场机会,占据更大的市场份额;同时品牌也占据信息传播的主导地位,更多时候向人们单向传达内

容。在满足需求与塑造品牌上，企业拥有绝对的主动权。

前面已经明确，体验经济整合并赋能了农业经济、工业经济、服务经济。与此同时，体验经济也在整合品牌与人、人与人、品牌与品牌这三组关系，形成了"共生系统"。人是体验经济的核心。人与人的关系，随着互联技术和智能设备的普及升级，变得更加裂变化与圈层化。人与人之间对体验的分享，越来越影响乃至决定品牌的塑造。品牌与人的关系，重心持续转向人。品牌将不断为人创造价值，持续与人互动对话。品牌与品牌之间，也越来越寻求多元而深入的合作，以创造新体验收获新增长。

共生系统中品牌与人、人与人、品牌与品牌这三组关系，相互作用交叉赋能。共生系统围绕"使人们收获并分享美好而有价值的体验"这一原则建立。未来企业的可持续发展，需要跳出单元的供需关系，着手从更加整体的视角构建共生系统。本章我们循序展开。

战略方向，品牌与人共同成长

为什么有人对品牌的忠诚近乎狂热？品牌与人的关系如何逐渐深化？品牌与人需要双向互动，共同成长。

品牌长期发展，关键在于理解人群变化并持续为其创造价值。基业长青，企业需要找到持续增长的动因。关注存量市场或增量市场是企业发展绕不开的话题，但存量或增量实为企业在不同发展阶段的侧重选择，基于更长时间跨度下品牌与人的共同成长，才是真正可持续的战略方向。可持续主要表现在两大方面，首先，持续满足既有人群不断延伸的需求；其次，不断发现并满足新人群的新需求。

消费观演变，需求延伸，企业需要不断围绕核心人群提供价值。中国市场巨大且复杂，人群分化首先就表现在垂直消费领域。从最初的品类消费到品牌消费，再到逐渐兴起的品质消费，人们的消费越来越倾向于理性选择和价值观层面的契合。品类、品牌与品质消费并不冲突，而是层层递进，融合发展的。品牌发展路径也从最初的基本功能满足，逐步过渡到生活场景搭建，乃至与人们共创形成品牌价值。

以永辉超市为例，永辉超市通过不断满足核心人群的延伸需求，逐步与核心人群之间建立起更深层的关系。永辉超市的发展可根据价值提供方式划分为三大阶段：1988—2000 年，品类消费满足阶段，以销售基本商品为主要的价值提供方式；2001—2017 年，永辉建立品牌形象并逐步扩大影响力，品类齐全加上舒适体验，为永辉带来持续的市场成功；2017 年永辉超市推出"超级物种"，以品质生鲜 O2O 服务业态，为追求高品质的消费人群提供更符合其生活场景的消费体验。

品牌与人的互动关系是整个共生系统中最重要的一组关系，品牌与人的关系直接决定着品牌发展的可持续性。品牌与人一样，其生命周期有限,诞生、成长、衰退、消亡等都遵循一定规律,因此,组织的可持续发展就需要通过不断打造创新体验来实现。

体验递进,实现关系升级

品牌与人的互动关系通过接触完成,品牌通过持续打造好体验来加深与人的关系。社交是人的天性,关系不仅存在于人与人之间,也存在于品牌与人之间。处于不同关系阶段的人群对应不同的价值需求,持久、有意义的关系的价值远大于商品交易的价值。

显而易见,在品牌与人的关系互动中,品牌需要做的还有很多。据爱德曼(Edelman)2014年发布的一项全球研究,其被访人群中有87%希望与品牌建立更有意义的互动,而只有17%认为品牌在这方面已做得不错。2/3的人们感觉与品牌之间其实是单向关系。

随着体验递进,品牌与人的关系不断加深。根据人们对品牌的感知以及不同程度的行为,我们将品牌与人之间的关系归纳成"品牌与人关系模型"的四个阶段:陌生人、熟人、友人、家人。品牌与人关系发展的同时,人群的规模也在变小。越亲密的关系,人数越少,这与现实生活中我们的人际关系类似(见图4-1)。

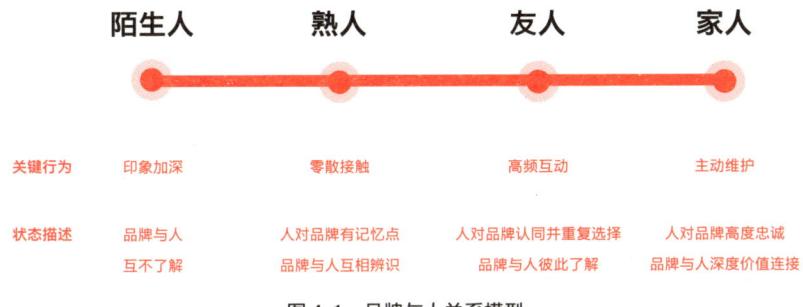

图 4-1 品牌与人关系模型

陌生人阶段,强接触刷新弱感知

陌生人阶段是品牌与人关系几乎没有任何交集的时期。在这个阶段,人们对品牌没有明显清晰的印象,品牌存在,但并未被人们真正感知。有些人有可能是品牌的潜在顾客,但对品牌所提供的产品、服务都不了解,也不清楚品牌能如何满足自身需求,故而对品牌也没有过多期待。

与目标人群处于陌生人阶段的品牌大多会通过内容或信息的传达,初步与人们建立关系。如冠名上线 1 个多月就占据网络综艺日榜榜首的《2019 创造营》的蒙牛纯甄小蛮腰,其"好喝到底,撑腰到底"的标语与学员们的年轻态度相契合,加上以产品植入、情景剧等方式花式加深卖点,借助《2019 创造营》高达 1.5 亿次的播放量,蒙牛纯甄小蛮腰获得了可观的曝光度与关注度,让更多的人熟悉品牌并建立关系。

数字媒体发达的时代，品牌想跨越与人们之间的陌生人关系成为熟人，需要更精准的洞察与传达。品牌不断涌现，注意力成稀缺资源，人们掌握选择主动权。品牌需要通过每一次的可能触点，在人们心中留下深刻印象，才有可能推进其与核心人群的关系走向熟人阶段。

熟人阶段，关键行为推动关系

熟人阶段是品牌与人初步接触的时期，彼此有印象但并不深刻。人们知晓品牌名字，选购产品时也会将该品牌纳入考虑范围之内，但还不足以直接促成购买。品牌开始与人们互动，也因此比其他品牌更了解其人群，品牌试图通过洞察人群需求提供更好的产品和服务。

以瑞幸咖啡为例，瑞幸咖啡靠社交平台的优惠券策略推动品牌与人之间关系的进化，快速将知道瑞幸咖啡的人转化成为真正的顾客。瑞幸咖啡以邀请新人送免费券的社交分享力迅速获客，2018年覆盖人群多达1254万人，售出咖啡8968万杯，在北京、上海等一线城市核心区域实现500米范围内100%覆盖；同时通过社交媒体扩大品牌影响力，凭借"大师咖啡+明星代言"吸引更多顾客参与，优惠券让有喝咖啡习惯的人能在短时间内想到瑞幸咖啡并下单购买。

在熟人阶段，人们对品牌的感知来自部分产品和服务体验，以多个触点加深关系。这些体验可能来自不同的触点，如线下实体店、试用产品、线上网页推送等，人们在单次的互动体验中收获对品牌的了解与好感,但对品牌的感知依旧是不完整的。

友人阶段,高亮时刻共同记忆

友人阶段是品牌与人关系趋于稳定的时期。在这个阶段,品牌重视人们的想法和感受,通过产品和服务满足人们的需求,希望能将对品牌一般熟悉的人们变成拥护者。人们有购买需求时能在短时间内想到该品牌,同时对品牌的认可度和信任度也相对较高。

品牌会十分重视已经处于友人阶段的人群,在持续互动的良好体验中,与之建立起相互信任、相互依存的关系。人们在购买产品和享受服务的基础上,也会在意品牌在价值观及理念层面是否与自己契合。因此,品牌体验不仅来自某一渠道或触点,而且是一种更深层次的价值认同与持续陪伴。如中国运动品牌李宁,就擅长从传统的中国文化中,提炼出能与当下年轻人产生共鸣的情怀,从"又土又丑"的运动品牌变身为"国产潮牌"。

还有综合消费食品品牌旺旺集团,它在进军时尚界时推出一系列服饰品类,包括卫衣、帽子、T恤、运动裤等,受到广泛好评,重要原因就在于其广泛的消费群体。旺仔牛奶、雪饼、仙贝、QQ糖等是80后、90后的年代记忆,正是因为这个原因,带有旺仔标识的服饰才能再度在青年群体中流行起来。换言之,旺旺就像是一个老朋友,可靠、温暖、值得信任,人们不仅是在购买产品,更是在与品牌的互动中找寻当年的记忆与情感连接。

家人阶段，荣辱与共进退同步

家人阶段是品牌与人关系进阶的最深层次，也是双方距离最近的阶段。在这个阶段，人们是品牌最忠诚和最专注的粉丝，时刻关注品牌的新品发布及重大事件，并积极参与其中。品牌也会十分重视这些顾客的意见及反馈，优先考虑铁杆粉丝的诉求。双方共同庆祝对方的成就，荣辱与共进退同步。

当品牌与人处在家人阶段时，品牌关注的焦点是找到与忠实顾客共同成长的途径。品牌需要时刻关注并适应核心人群的成长与变化，与之分享信念和承诺，建立有效的价值交换方式。以全球家居护理企业安利为例，安利一直以来都十分强调与顾客"相互尊重、相互照顾、共同成功"。安利认为每位顾客都是其家庭成员之一，也鼓励顾客围绕安利建立社区，社区成员相互帮助、交流信息并共同发展业务，实现品牌与人的双赢。

在家人阶段，品牌与人相互理解，品牌能将顾客流失率降到最低，并最大化顾客的生命周期价值。以体验递进实现关系升级，不仅是认知层面的注意力争夺，更重要的是价值观求同。人们会依赖自己所选择的品牌，也会主动向周围人推荐甚至维护品牌。品牌赢得顾客的信任与忠诚，双方在良好互动体验中共同成长，并成为利益共同体。

陌生人、熟人、友人、家人在品牌与人关系模型中的进阶，是关系正向发展的情况。然而，关系的发展并非总是正向进行的，关系也并非总是一帆风顺良性发展的。品牌与人的关系也可能由于一些糟糕体验的出现而朝相反的方向发展，即关系出现疏离与破裂。在品牌与人关系发展的每一个阶段，关键事件都有可能导致一段关系迅速走向终结。一旦关系出现破裂，及时修复就显得至关重要。

以曾经的智能手机巨头三星为例，早在 2011 年，三星智能手机全球市场占有率达 23.8%，一度高于苹果，全球领先。但在 2017 年，三星 Note 7 出现自燃事件，三星中途拒绝正视问题的态度和对中国用户的区别对待，使其品牌形象在中国用户心中彻底崩塌。截至 2018 年末，三星手机在中国市场的占有率已不足 1%。

品牌与人关系模型能够框定品牌与人的关系阶段，以及对应的特性与问题，帮助品牌更明确地推动与人的共同成长。品牌需要正视品牌与人的关系周期，再完美的关系也有完结的一天。从陌生人、熟人、友人到最终成为家人，虽然人的数量越来越少，呈漏斗状，但随着关系递进，关系越深入价值就越大。

人与人，分享体验成就口碑

人们对体验的分享，
聚合成了品牌的口碑。

不只是影响，
体验经济中的口碑已经在决定品牌的未来。

前所未有，口碑价值日益突显

体验经济中的口碑

人们对体验的分享，聚合成了口碑。移动设备改变了人们对体验分享的量级、速度和效率，口碑的裂变效应越来越显著。口碑对品牌的塑造已构成决定性影响。品牌能否通过提供优质的体验，进而形成优质的口碑，成了塑造品牌的关键。

相比于传统商业口口相传的口碑，网络口碑的形成更为迅速。古语有云："劝君不用镌顽石，路上行人口似碑"。长久以来，口碑传播以其自主性、广泛性被认为是最为有效、实用的传播方式。时代变迁，技术进步，"酒香不怕巷子深"的年代不复存在，实时在线的社交媒体最大限度地填充人们的碎片化时间，网络口碑形成更快、传播更广，且随时随地影响人们的交易行为。

移动互联网的普及进一步增强个体的传播力量，口碑效应得以迅速扩散。个体成为信息源，并以自身为传播原点快速辐射到可信赖的交际网络。不同于传统工业化时代以商家为原点的传播形式，互联网时代的口碑形成和传播，以数量巨大的互联网用户为基础，也就更容易形成爆炸级的口碑效应。

数字媒体时代的口碑就是生意。大众点评，作为一个定位生活服务的第三方消费点评电子商务平台，就是成功将口碑变成生意的例子。从2003年成立至今，大众点评吸引用户在平台上发布独立的第三方消费点评内容，互动内容从一开始的简单图文，逐步升级到短视频等。业务范围也从以餐饮为主，扩展到旅游、美容、教育等各类生活场景。大众点评以体验分享形成商家口碑并促成交易，连接人与信息、人与商品、人与平台。

线上口碑传播，促成线下体验与后续转化。大众点评并不直接参与交易，而是通过口碑的建立与传播促成交易。截至 2018 年 8 月，大众点评 App 用户规模近 5 亿人，安装渗透率为 45.2%，覆盖全国 2500 多个城市及美国、日本、法国等全球近百个热门旅游国家和地区。人们会根据大众点评上网友的体验分享，进一步做出交易行为决策。不少品牌凭借极具传播性的口碑在平台爆红，成为网红店与网红景点，吸引人们纷纷打卡。

信息过剩的年代，注意力成稀缺资源，高质量口碑有助于人们高效筛选信息。可信的口碑有助于人们更快地获取有效信息。数字科技普及，大幅缓解了以往买卖双方信息不对称的情形，人们可通过多方渠道获取信息以做出更全面的判断。口碑推荐在一定程度上减少了人们的试错成本。例如以高性价比著称的国产手机品牌小米，价格亲民、运行稳定、合理配置，就凭借其好口碑持续实现销量转化。

关键信息强化传播，口碑效应突显。新式茶饮品牌喜茶，主打"健康、酷、禅意"等品牌传播关键词，前期线上预热充分，一经推出备受年轻人追捧。上海、广州、成都等地的喜茶门店上演排队热潮，很多人排队 4 个小时只为喝一杯网红的喜乐芝金凤茶，然后拍照在朋友圈等社交平台分享体验。

突破以往的到店交易模式，数字科技为大规模线上交易提供技术条件支撑。越来越多人选择线下体验、线上支付的交易模式，线上线下进一步融合。人们根据口碑推荐选择品牌并完成交易,继而分享体验。换言之,从信息搜索到售后体验分享,网络口碑贯穿人们的整个交易行为。

关键口碑人群

在口碑形成的过程中,影响人群与追随人群是最为重要的两类人,前者是关键口碑的产生者,后者是关键口碑的接收者与扩散者。基于品牌现状及商业目标,我们在第 2 章中将与品牌相关的人群划分为以下七类:主流人群、先锋人群、种子人群、潜在人群、影响人群、追随人群、理想人群。影响人群在社交圈中具有广泛的传播基础,并能将信息传递给合适的人群。一般而言,影响人群不一定是专业人士,但通常热情且信息储备丰富,能给出建议、发现新品并推荐可信赖品牌。

影响人群有专家、KOL、网红三类。三者之间有所差异,以各自的传播渠道形成口碑及转化。专家、KOL 和网红三类人群的属性并非完全独立的,有时会出现角色重合。

专家的影响力主要来自其既定的身份属性,专业积累使其观点具有一定的权威性及可参考性。比如北大心理学硕士、心理咨询专家及作家武志红,他的《为何家会伤人》等心理学专著影响广泛,他在各大平台开设的专栏也广受好评。截至 2019 年 11 月,定价 199 元的"武志红的心理学课"有近 28 万人订阅,整体营业收入超过 5500 万元。

KOL 则指通过微信、微博、抖音等社交媒体发布足够多的品牌信息，在互动中产生有意见影响力的人。被誉为"口红一哥"的李佳琦，因在抖音等社交媒体平台发布口红试色、"种草"视频，终成众多网友心中当仁不让的口红 KOL。在 2019 年"6·18 年中大促"活动中，李佳琦 3 分钟卖出了 5000 单"红腰子"（资生堂红妍肌活眼部精华露），单品销售额超 600 万元。

网红即网络红人，他们不一定是某领域的专家，而是通过外貌魅力、人格特质、娱乐属性等吸引大批关注者。被誉为"网红鼻祖"的 papi 酱爆红后热度一直在线，她参加了《吐槽大会》第 2 季，也参演了电影《妖铃铃》，2018 年更是担任百度 App 的首席内容官。她所创立的 papitube 在 3 年内成了拥有 150 位博主的 MCN 机构[1]，实现持续稳定规模化盈利。

追随人群是受口碑效应影响最大的人群，他们一般与品牌处于熟人阶段。追随人群与品牌的关系能否过渡到朋友阶段，主要取决于身边人的影响。追随人群自己对品牌的产品或服务了解不多，往往通过影响人群提供的信息做出筛选。粉丝经济中的粉丝们就是典型的追随人群，他们的购买行为、偏好形成等，多基于影响人群的信息传达。

---

[1] MCN 机构：Multi-Channel Network，是一种多频道网络的产品形态，将专业生产内容（Professional Generated Content，PGC）内容联合起来，在资本的有力支持下，保障内容的持续输出，从而最终实现商业的稳定变现。

影响人群能帮助品牌与更广范围的人们建立联系，加深关系。例如，年轻生活方式分享平台小红书其实不仅是一个广告平台，在 KOL、网红、大 V 等影响人群的作用下，小红书也具有连接品牌与追随人群的属性，能让追随人群尽快找到感兴趣的产品，进一步缩短品牌成为偶像的时间，同时加速转化。KOL、网红等影响人群能迅速扩散品牌正面或负面的体验分享，直接或间接的体验分享都会影响追随人群对品牌的感知，进而影响口碑以及转化。

信任转化，社群社交影响增长

关系促成转化

移动互联网改写了人类社会生活状态，人们的生活场景大幅转向线上，新的社群社交方式为社交电商的发展奠定了基础。社交电商用信任关系进一步拓展消费场景，更大程度上实现流量的价值转化。不同角色及关系程度的人际关系网络，熟人、买方与卖方甚至陌生人之间，都有可能产生可见的互动及收益。社交电商同时满足人们的购物需求和社交需求。微信、微博、抖音等多种社交渠道重塑社交形态，2018 年，全球购物应用的使用时长增至 180 亿小时，比 2016 年增长了 45%。

社交电商目前具有以下四种特征：直连化、小群化、细分化、透明化。

直连化，指通过强连接①推动社交电商爆发式增长。人与人关系加深、建立信任，促成商业环境中的价值交换。拼团社交购物平台拼多多，借助朋友、家人等小群拼团模式，以"低价+拼团+社交"模式，吸引新用户持续增长。使用拼多多的人们，从传统的单一买家角色，变成了分享者和推荐者。

小群化，指社群社交逐渐呈现出"大群松散沉默，小群紧密活跃"的趋势，高活跃度小群更容易形成信任转化。拼多多正是利用这一"小群效应"②，通过微信朋友圈熟人社交的方式，依托微信流量，实现传播裂变并大幅降低获客成本，从单一个体扩展到其所在的强连接社群，进而转化为巨大的消费力量，最终实现盈利。

细分化，指社群场景搭建直接提升购买意愿。细分化和垂直化是社群发展的主要方向，以母婴社群三优亲子网为例，其几乎涵盖了与母婴相关的所有场景：妈妈论坛、孕产育儿知识、育儿微课、专家快问、妈妈电台、亲子日记等，无论是一名妈妈或者准妈妈，遇到的问题都能在其搭建的社群场景中得到解决。完整的社群场景搭建促进顾客买单，母婴场景社群服务着200万名会员妈妈。

---

① 强连接&弱连接：社会学将人与人之间的关系，简单划分为强连接和弱连接。强连接沟通互动机会较多，最有可能的是你工作的搭档、事业的伙伴、合作的客户等。弱连接沟通和互动的机会较少，同学、朋友、亲友等都有可能。

② 参考徐志斌于2017年出版的《小群效应：席卷海量用户的隐性力量》。

透明化，指买卖双方关系的透明度越来越影响信任关系变现。成立于 2017 年 8 月的社交电商平台贝店，通过人与人的社交化分享传播，连接购买者、店主以及供应链三方，为人们提供更多精选好货。以"品牌直供＋工厂优选＋产地直采"的创新模式，有效连接社交人群与实体企业，用社交思维赋能实体经济，打造社交驱动的柔性供应链基础设施，全面提升社交零售体验。

社交的裂变与倍增

数字互联技术突破时空限制，人际交往加倍促进产品传播与销售，"一传十、十传百"的快速社交裂变成为可能。个体影响力通过社交圈子迅速扩散，社交影响力实现裂变式增长。人与人的信任关系进一步转化为商业价值。人性深处对深度关系与利益的渴求，成为商业发展的不竭动力。从最古老、最直接的经典商业模式之一直销，到迅速扩散并获得商业变现的社交电商，都是如此。

社交裂变的关键是利益和关系，以利益驱动，借助人们的社交关系促进传播及转化。移动互联网出现之后，社交的速度更快、成本更低、范围更广。自 2014 年春节微信 5.2 版本推出微信红包以来，微信拼手气红包成了国人每年除夕必备的新式"新春祝福"。借助庞大的熟人关系网络，微信分享建立在人们彼此之间的信任之上，加之春节期间人流涌动，微信红包实现病毒式扩散，更是刷爆朋友圈，也带来微信支付用户的巨量增长。2018 年春节收发红包人数达 7.68 亿，同比 2017 年增加 10%。

基于社交生态链拼团互惠模式迅速发展的拼多多，极有可能成为颠覆式创新的典型案例。拼多多以低价和覆盖三四线城市为主要特点，以出让利益的方式助推人们分享购买链接，通过"助力享免单""砍价免费拿""帮帮免费团"等活动吸引更多人参与。微信庞大的使用群体为拼多多的成功提供了人群扩散基础。拼多多以低端技术切入，以低端供应链满足低消费人群的需求，到其技术能满足高端市场需要的时候，也有可能就是其打败竞争对手之时，所谓颠覆也将在这个时候完成。

将传统生意纳入移动互联网的社交裂变之中，能迅速实现市场收益倍增效应。传统商业模式直销，就是建立在直销人员与顾客一对一的信任关系上的。市场收益倍增学原理，指随着个体影响力通过社交圈层层扩大，移动社交网络助力直销人数倍增，也让市场规模、时间效率、品牌效益等均得以成倍增长。

信任背书，社交媒体加速直销模式升级。前互联网时代，直销产品推销与购买利用的是真实世界中的社交网络，但受限于时空，且每个人圈子有限，产品推广与口碑传播成本较高且收效甚微。借助移动互联网，社交裂变助力直销模式迅速扩张。

作为首席体验策略师，自2015年开始，我和我的团队深度参与了全球直销巨头安利在中国的全面数字化转型，双方建立战略性合作，实现线下线上品牌整体布局，以线下体验中心促进口碑形成，并加深人们对安利的品牌印象，同时借助互联网社交实现线上口碑传播与购买转化。具体来说，线下安利体验中心 AEC（Amway Experience Center）遍布全国一二三线城市，同时安利在线上推出社交电商平台安利云购、安利微购等，安利直销员可通过移动端轻松开展业务获得收益。

移动互联的本质是人与人的连接，品牌对人的持续影响力基于人对品牌的价值认同。自 1959 年成立至今，"安利模式"得以持续扩张的核心原因，就在于其能助力人们不断建立并延伸信任及互惠的关系。直销"个人对个人"的业务开展模式，能借助数字网络大幅提升效率。目前安利 80% 的业务已转移至线上。安利将其直销员当成事业伙伴，彼此长远利益一致且互相信任，这有助于激发每一个人的潜能。安利事业的伙伴们认同安利的价值观，进而影响其身边人，因此安利伙伴与安利品牌才能实现价值共赢。

体验经济的共生系统中，除了品牌与人、人与人，最后一个关键维度就是品牌与品牌。下面的内容将进一步呈现品牌与品牌彼此赋能，以新体验创造新增长。

品牌与品牌，跨界赋能多维共生

2018 年，品牌间跨界合作频现。
六神 × RIO、泸州老窖 × 气味图书馆、旺旺 × 塔卡沙、小罐茶 × 故宫、优衣库 × KAWS……

品牌间的合作，
正在从过往的联手营销转向彼此赋能，
共同打造新产品、新服务，以新体验带来新增长。

场景创新，跨界打法常态化

融合互联，从消费到生活

数字技术模糊了原有的行业边界，人们的工作生活场景发生了变化，企业间的跨界合作带来了新的体验。得益于技术赋能、数字互联，品牌合作程度进一步加深。品牌间的跨界创新,关键在于围绕核心人群提供价值。跨界打法目前主要有两类:场景创新、产品与服务创新。

场景创新,指多元场景互联,品牌合力打造新体验。2018 年 4 月,网易云音乐联合酒店品牌亚朵轻居在成都开设"睡音乐"主题酒店,将音乐和睡眠结合,呼应很多人睡前听音乐的场景习惯。不同主题房都有网易云音乐标志性的走心评论,引发用户共鸣。核心人群的场景需求,是跨界创新产生价值的核心。以人的视角看待商业创新,品牌间的关系会因为人们生活场景的变化而发生重组,围绕人们工作、社交、休闲、消费、金融、成长等多种移动互联场景,品牌间打通渠道、资源共享,推动整个系统的共荣发展(见图 4-2)。

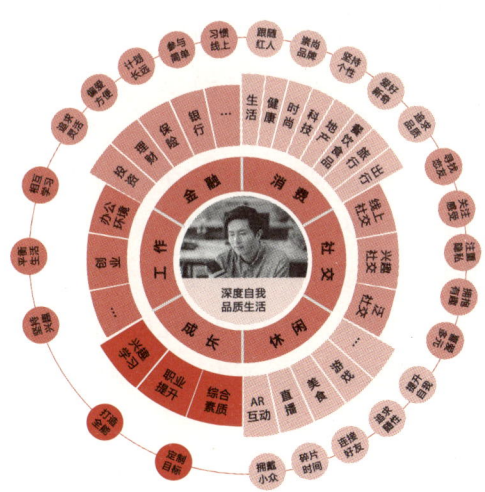

图 4-2 从人的视角看待商业创新

产品与服务创新,指品牌间的跨界合作在不断深入,从破次元壁的跨界营销,到品牌间联名产品创新,再到价值层面的共同打动顾客,花样层出不穷。2019年情人节,网易云音乐联名京东推出情歌快递箱,引发互动传播,增加品牌曝光率。2019年1月,小罐茶联手故宫食品,推出一甪(lù)安行随享礼盒,融合中国传统宫廷文化与现代派中国茶,满足年轻人品质生活茶饮需求。爱彼迎联名芝加哥艺术馆,推出入住"凡·高的卧室"活动,引发广大艺术爱好者积极参与,上线几分钟就被一抢而空,体验递进建立更深连接。

跨界赋能,催生商业新业态

数字技术击穿行业边界,为跨界竞争与合作提供技术可能。品牌间彼此赋能,带来品牌价值持续增长。人们的消费场景多元互联,进而刺激各种新商业业态不断出现。

互联技术改写原有行业规则,跨界竞争常态化。工业革命时代,行业划分由生产效率决定,因而行业以产品或服务品类划分;互联网出现之后,行业边界从以产品或服务划分演变为产品需求场景。跨界竞争常态化,很多竞争对手并非来自原有行业,比如滴滴和优步重塑了出租车行业,国际短居民宿爱彼迎对传统酒店行业造成巨大冲击。

数字技术赋能传统行业实现价值更迭。2019年3月27日,阿里健康联合武汉市中心医院共同打造的"未来医院"正式上线。基于支付宝上的就诊助手，未来医院患者就医时无须带卡，并享受挂号、候诊、诊间缴费、在线查看检查报告等一系列服务。数据互联实现资源整合，为武汉市民提供高效便捷的就医服务体验。

品牌与品牌的跨界合作也催生出各种新商业业态。共享办公、消费金融、新零售等新概念层出不穷，供给端和需求端的互动方式发生改变。例如，餐饮业正逐渐成为一个营造美食全产业链的特色商业，从食材购买到现场体验，甚至美食文化体验等全部覆盖，人们越来越愿意为食物之外的增值服务付费。类似现象也发生在文创领域，文创产业的盈利模式逐渐从出售商品转换到贩卖故事和品位，在传统商业交易的基础上，赋予产品更多创意内涵。以技术进步为基础，各类兼具娱乐性和社交性的新商业业态不断出现并满足人们的场景需求。

体验驱动整体创新

立体融合创新

线上线下全触点关系运营，能够帮助品牌实现可持续发展。数字科技让数据随时随地互联，真实世界和虚拟世界进一步渗透，助力品牌打造全触点一致体验。

从线下到线上，体验更智慧、更高效。具备线下优势的传统企业，可以借助互联网企业的线上资源带来流量与转化，实现互联网化和数字化转型；依靠互联网流量红利起家的线上品牌，实体根基薄弱，可以着手寻找下沉机会，以线上线下一致的服务体验，加深与核心人群的关系。边界模糊、渠道融合，品牌间通过合作彼此赋能，围绕客户生命周期的关系运营实现可持续商业发展。

2018年4月，传统家具家居连锁品牌居然之家与阿里巴巴合作，共同打造的首个居然之家体验MALL，在北京开门迎客。依托阿里大数据优势，居然之家体验MALL布局"大消费"业态，引入餐饮、影院、健身、生鲜等多个场景，覆盖从儿童到老年的全方位消费服务体验，并与阿里在移动支付、智慧门店、线上支付等方面深入合作，实现线上线下高度融合，将流量转换为客户资源。

从线上到线下，体验更直接、更丰富。交易可随时完成，线下体验成为影响转化的关键因素。单纯提供线上服务的品牌，难以建立丰富可感知的品牌形象。线上的高效便捷与到店的真实体验形成优势互补，继而进一步强化品牌在人们心中的印象，增进双方的连接。交易行为之外，实体空间能为人们提供更多方式与品牌进行互动，线下店逐渐成为集"体验中心+提货点+形象店+实体店"等多重角色为一体的重要触点。这也是众多互联网品牌着手拓展线下业务的重要原因。

2018年初，京东推出7FRESH线下生鲜超市，同年6月推出时尚生活体验馆京东曲美，首次大规模在线下展出京东自有品牌"京造"产品；还联合多地商场推出复合型文化消费生活空间京东之家，销售手机、家电、母婴等 10 多个品类，并设置 3C 产品及图书体验式售卖区、简餐制作区和咖啡区等，以多种品类线下布局加深品牌连接。

多维互补实现共生

数字技术赋能下的企业间合作能最大限度地实现优势资源共享，实现共生发展。企业突破单一角色，以品牌间的协同合作提供系统服务，满足核心人群的需求并实现共赢。

基于为相同核心人群提供服务，品牌间的跨界合作能够带来产业融合。汽车生产商不再单纯地提供汽车交易，而是联合与出行相关的品牌，为人们提供多场景出行解决方案；地产开发商不再只是出售房屋，而是在思考如何联动多方资源为人们提供更好的城市服务；零售业态也从之前单一地售卖商品，转向打造多元场景零售体验（见图 4-3）。

品牌间资源互补形式多样，品牌间从以往竞争为主转向跨界合作、彼此赋能的共生关系。联合办公品牌 WeWork，自 2016 年起推出个性化上门定制及运营 "Powered by We" 服务模式，全面赋能传统地产开发及空间品牌，利用 WeWork 的数据优势，向合作企业提供完整的咨询服务和整体解决方案，以完备的基础设计能力、强大的运营管理系统以及先进的数字化技术为支撑，整体输出品牌价值。

图 4-3 品牌跨界带来产业融合

不同于跑马圈地、规模为王的做法，WeWork 中国通过构建一个个新的商业共同体，提供创新服务为所有合作品牌赋能。从起初为创业者提供空间租赁、管理运营服务，到输出整体品牌解决方案，WeWork 中国通过"Powered by We"服务模式创造价值，实现了从"强服务属性产品"到"服务型产品"的转变。围绕人们购物、办公、娱乐、居住、健身、教育、活动等场景，WeWork 携手合作伙伴为人们打造功能及服务完备的"整合社区"，这也将进一步加强品牌的竞争力。截至 2018 年，WeWork 已覆盖全球 27 个国家、100 座城市，布局 425 个办公空间，会员人数超过 40 万人。

通过围绕关键人群的需求变化提供整合服务，越来越多的房企也实现了多元化发展与转型。消费观念更迭，人们的居住需求逐渐从"住房子"变成"过生活"。多年来，定位为"中国领先的房地产开发品牌"的万科，与全球智能应用解决方案提供商 SAP 建立战略合作关系，以新一代企业数字化支撑平台，构建可靠、高效、灵活的"运营 + 服务"体系，通过整合小区内住户保洁、生鲜、物流、美甲等线下社区场景需求，提供线上一体化服务，为核心人群提供更便捷的城市生活服务，实现持续合作与联合创新。

完整服务生态的形成，依赖于系统内多个品牌的协同发展。多样化产品及服务体系的搭建，会带来更丰富的品牌体验。全球零售服务品牌亚马逊，以整合战略推动自身及合作品牌共同发展，大手笔地开展"智能收购"及全球超市收购业务，为自身带来更多的收入来源，也为合作品牌提供平台及客户资源；同时开设线下书店、快闪店和高科技 Amazon Go 线下店等，进军线下零售业。亚马逊凭借这样的整体布局推动自身及系统内的其他品牌实现价值增长，并荣登"2019 年 BrandZ 全球品牌价值 100 强"之首。

品牌与人、人与人、品牌与品牌这三组关系构成了体验经济中的共生系统。每组关系的可持续发展，依赖于共生系统的整体发展，整个共生系统也在不断影响每组关系。推动商业可持续发展的，不再是单元的供需关系，而是多元整合的共生系统。

体验思维先行者

威马汽车，
重新定义人、车、城市的关系

案例品牌：威马汽车

案例跨度：2015—2019 年

案例结果：2017 年威马汽车居于中国独角兽新造车企业榜首；2019 年第一季度，威马 EX5 以 4085 辆的交付量获得了造车新势力排行榜的第一名，并在第七届中国汽车售后服务大会上被授予"金服奖"。

案例价值：威马汽车重新定义了人、车、城市的关系，成为智慧出行新生态的服务品牌。

本案例将关注以下关键问题：

· 作为造车新势力与智慧出行服务品牌，威马如何找到差异化的品牌体验定位？

· 威马如何聚焦并理解泛 90 后？

· 威马如何通过服务创新，构建品牌与人之间持续互动的关系？

威马汽车的案例以第三方视角进行记录与剖析,再现了威马从0到1建立并逐步深化品牌与人关系的全过程,既呈现了对泛90后年轻群体的定义与洞察,也提供了城市智慧出行解决方案。数字互联时代的车企,需要基于与人们出行有关的所有场景,构建系统性解决问题的能力。我作为首席体验策略师,带领团队与威马汽车在战略性项目上密切合作,完成了对品牌体验定位、品牌体验总体规划、数字触点的定义与概念设计,新零售服务标准的制定以及用户体验中心的设计落地。

新能源汽车产业的柳暗花明

政策影响新能源汽车发展。自 2010 年以来,新能源汽车被国务院确定为新兴战略产业,新能源汽车正式走入中国汽车行业舞台。在政策支持与人们出行需求升级的双重刺激下,近 10 年来,新能源汽车迈入规模化发展道路。但随着 2019 年新能源补贴政策被"腰斩",依靠补贴生存的新能源车企难以为继,而同时,注重以人为本、贴合人们需求的新能源汽车企业,则迎来了柳暗花明的新生机。

回归商业本质,注重核心人群需求变化的企业,才能在不断变化的市场环境中取得竞争优势。政策扶持退场,实为将新能源汽车放归自然市场,在"野蛮生长"之中,间接淘汰掉部分新能源车企,为真正重视并不断提高核心技术水平的企业，提供更广阔的生存空间。

在造车新势力快速崛起之时，威马汽车发展得如新能源汽车领域的一匹黑马：2015年1月，威马汽车正式成立；2016年5月，刚成立16个月的威马汽车便完成了A轮融资，迅速获得行业关注；2017年12月，威马汽车在上海国家会展中心举行了威马汽车品牌发布会，揭幕其首款SUV量产车型EX5；2018年12月，威马汽车首家用户体验中心在京开业；仅2019年前3个月，威马EX5就以4085辆的交付量位居造车新势力榜首，仅3年时间，威马汽车就跃升为新能源造车新势力头部品牌。

新能源汽车，是产品更是服务

不同于原来的卖产品和服务，新能源汽车提供的是智慧出行解决方案。对于传统汽车，人们看重性能和品质；而对于新能源汽车，人们更看重服务和环境。围绕人们出行这件事，新能源汽车提供如充电、旅行租赁、在线故障反馈及驾驶监护等一系列服务，为人们出行相关的生活提供更多可能性。

围绕人，是新能源汽车提供一切智慧出行解决方案的原点。市场急速变化，人群分层需求更迭，如何从原来卖产品的思维，转向为人们提供智慧出行解决方案的思维，需要每个造车品牌认真思考。

新势力造车风潮,品牌同质化严重

拥有品质高、智能化程度高、配置升级、节能环保等特点的新能源汽车备受年轻群体青睐,越来越多的传统车企和造车新势力进入新能源汽车市场,而新能源车主也日趋年轻化,80后、90后已成为汽车行业消费主力,占据现有新能源车主及未来新能源汽车购买计划潜在车主的47%。

由于年轻车主的场景需求丰富,因此同质化严重的新能源车企品牌纷纷寻求差异化破局。跟随消费升级,年轻群体对车的需求已不满足于代步工具,而是会全方位考量车的颜值、节能性、性价比等特质和当下的潮流。此外,年轻群体对于汽车的使用场景也更加丰富。除了出行之外,汽车同时也是他们彰显自我个性和生活方式的工具。争夺年轻一代市场的竞争越来越激烈,对于威马、蔚来、拜腾、小鹏、奇点等造车新势力来说,基于年轻人群的特性打造更具吸引力的产品和服务,是难点也是机会点。

体验经济浪潮下,消费不断变革

体验经济时代,多元消费场景改变了人们的消费行为及习惯。依托移动互联技术,各行各业的新物种纷纷落地。为抓住新零售风口,阿里巴巴推出盒马鲜生,亚马逊收购全食超市,永辉推出超级物种等。多样化的消费场景带给人们更多层次的消费体验,品牌与人的接触越发透明。

新能源汽车的零售模式为人们提供了与品牌直接互动的机会，拉近了品牌与人的关系，也对传统汽车行业造成了冲击。作为大宗消费品，传统汽车的销售行为主要在 4S 店完成，管理也通过 4S 店的投资人和管理人落实。人们在购车或享受服务时遇到问题也是首先通过 4S 店，而非直接与车企品牌发生互动。但随着商家销售场景及人们购车体验需求升级，人们开始通过与品牌的直接互动来感受品牌，由此就需要更多元且服务化的品牌体验。深度洞察人们核心诉求的变化，是整体塑造品牌体验的基础。

以人为本的智慧出行生态

聚焦泛 90 后年轻群体，打造差异化的品牌形象

威马汽车明确将核心人群定义为泛 90 后。泛 90 后，不只包括传统意义上的出生于 1900—2000 年的人群，也包括在生活态度、价值选择上与 90 后接近的人。突破传统汽车行业的人口统计学分析方法，威马汽车与我们的团队，创新性地定义了泛 90 后人群，将模糊宽泛的泛 90 后概念落实到具有清晰生活场景的四种人物画像上，探寻他们行为背后的价值主张。

在聚焦泛 90 后年轻群体之后，威马汽车深入了解他们的多元出行场景需求，来建立品牌与人的关系。人群在变，人们的生活场景在变，

其购车、用车的需求和场景也在变。人们的购车需求从过去的"有面子""社会地位""趋同消费"等,转变为"我喜欢""我需要""个人价值""个性消费"等。在互联网环境中成长起来的一代,其消费观念与生活方式差异性明显(见图4-4)。

图4-4 借助数字化服务,人们在威马体验中心自主体验

泛90后更多聚焦在有90后心态的人身上。他们乐于接受新鲜事物,较容易接受纯电动汽车品牌;他们也具有较强的学习能力,积极探索纯电动汽车的使用及驾驶技巧,将学习过程视为自我突破的过程;他们的出行场景丰富多变,威马汽车所提供的多种场景服务,刚好满足他们多样化的出行需求。

基于对核心人群泛 90 后的深入洞察，威马汽车希望其产品能为他们的生活拓展更多可能。泛 90 后更加理性客观，对事物有自己的判断和见解，乐于分享，乐于接受新品牌、新事物。比起在产品功能上的满足，他们更乐于追求情感体验和价值认同，也期望通过产品表达自己，基于对品牌价值的认同与品牌实现相互陪伴。

威马汽车为人们提供的是智慧出行服务，而非简单的交通工具。对品牌而言，抓住市场趋势意味着要理解核心人群的需求。由于威马汽车瞄准的泛 90 后人群在购车、用车时不只关注功能层面，还想通过出行工具彰显个性、连接生活，所以威马汽车的整体品牌风格都是酷炫而有科技感的，符合科技宅及对智能生活有较高需求的人群的期待。通过了解核心人群对品牌的理解、对产品的建议及对整体品牌风格的预设，威马汽车能更精准地打动核心人群，并与他们建立起联系。

威马汽车差异化的品牌印象，体现在人们与之互动的多个触点、环节和阶段。"威马之家"为用户提供出行服务，涵盖了用户开始接触威马汽车后的一系列环节；"威课堂"以分享机制为车主提供生活及智慧出行交流平台；"威盟"粉丝平台提供深度试驾等活动。威马汽车通过在多个触点、环节和阶段与用户的接触，发扬社会责任感，激发与用户的价值共鸣，双方基于共同的价值观持续互动、共同成长。

品牌与人关系的发展，要经历从吸引到交易转化，再到关系留存，最终实现价值渗透的过程。威马正是沿此过程逐步加深与核心人群的关系，从起初在陌生人阶段的信息传达，到熟人阶段的产品体验，再到友人阶段的共同经历，直至成为家人荣辱与共。围绕品牌与人关系模型中陌生人、熟人、友人、家人四阶段，威马逐步布局，与处在不同关系阶段的人们有效沟通。从产品到服务，从单向到互动，从交易到价值，威马在各个触点和环节与用户持续互动，提供良好体验，进而与人们建立起相互信任、相互依存的关系。

人与人关系的发展，是在互动中产生价值认同，进而彼此深度影响的过程。2016年7月，威马汽车粉丝平台威盟成立，将威马汽车的共创文化变成实实在在的不同场景的活动。粉丝们与威马汽车共同举办潮流活动，如"威盟卡丁车极限竞速赛""威马故事王校园行脱口秀"等，通过主持人、活动嘉宾等KOL为活动扩大影响力，并借助爱奇艺、哔哩哔哩等平台进一步延伸口碑的传播途径。具有共同兴趣爱好及价值观的人们共同参与威盟的活动，在活动中拉近人与人距离，进而让品牌价值辐射到更广的范围，产生更深远的影响。

品牌与人，从交易到关系

关系递进，源于好体验的不断加持。体验经济强调以人为中心，品牌与人之间早已不是单向的供需交易关系，而是逐步形成互动关系。人们与品牌从不了解到了解，直至人们主动维护品牌，每一步关系的加深都基于持续的互动体验。人们接触品牌的每一个环节，都在加强或减弱对品牌的认知与信任。也由此，品牌需要多维度提供高效、便捷的服务，让所有互动都成为关系加深的可能机会点。

与品牌处于不同关系阶段的人们需要差异化的互动方式，威马汽车致力于打造一个层层递进的智慧出行服务生态。从外围到核心、从了解到深入，威马汽车与我们的团队规划出了一整套出行服务体验规划。与传统汽车交易服务不同，威马汽车将服务方式与内容进行阶段性划分，为核心会员提供专属增值服务，围绕人们出行的各种生活场景整体布局，从初步接触到引发价值共鸣，各种类型的会员都能在对应的关系阶段和使用场景中，感受到威马汽车的用心服务。

对应到品牌与人关系模型，威马接触不同关系阶段人群的方式也在逐步深入。对于那些不甚熟悉威马汽车品牌的人群，威马汽车组织"威马有好料"Hygge生活分享活动、"我要成为故事王——威马故事王"脱口秀表演活动、"威马EX5粉丝深度试驾"等活动，以情感化方式拉近品牌与人的距离。

随着与人的接触逐步深入，威马汽车会逐步提供智能出行、车主专享、品牌社区等服务形式（见图4-5）。每一次服务的递进都会加深人们对威马的品牌感知，就如同很多人通过腾讯的自闭症儿童绘画活动重新认识腾讯一样。品牌与人的关系在互动中递进，也在不断加深人们对品牌的好感。

颠覆传统汽车4S店B2B2C的销售模式，威马汽车的"汽车新零售体系"为实现客制化生产线 C2M（Customer-to-Manufactory）奠定基础。自主开发，高效生产，威马汽车自建工厂，把生产握在自己手里。同时，应对新零售风潮，威马汽车将全面规划服务体系作为一个重要的落地方向。全触点规划，威马汽车与人的关系沿着陌生人、熟人、友人、家人四阶段一步步展开，每一次的接触都会带来新的品牌记忆点。

图 4-5　未来智慧出行服务递进概念图

新零售的全渠道整体品牌体验规划，能使通过不同渠道接触品牌的人都能加深对品牌的印象甚至好感。传统零售的"货、场、人"逻辑是以货为核心的，品牌与人很容易停留在陌生人阶段。而新零售"人、货、场"逻辑的核心则是人，即关注顾客要什么，品牌的核心从原来的"货"转而成为"人的体验和感受"。

合理布局线下与线上接触路径，威马汽车率先提出新能源汽车零售的"新4S模式"：威马体验中心（Space）、威马用户中心（Store）、威马服务之家（Station）、威马E站（Spot）。

威马体验中心覆盖城市重要网点，帮助用户充分了解威马汽车品牌的最新动态，体验威马汽车前沿科技，感受威盟粉丝的热情；威马用户中心是与懂行业、懂车主又有新思维的合伙人设立的体验销售服务中心；威马服务之家提供维修充电服务站；威马E站是威马汽车与覆盖全国的连锁实体服务网络等机构，合作构建的综合服务网络，以此实现对各个区域和核心人群的全面覆盖，完善以人为核心的网络整体布局。

根据新能源电动车的特性，威马汽车将售前服务和售后服务分开，合理布局线上线下的生态分布方式。到店前，感兴趣的用户可在线预约，个性化选择看车需求，定制到店看车服务；到店后，凭借Super ID获取触控桌的引导，按需分流享受针对性服务。到店体验时，人们可在"制造者实验室"展台选择自己喜欢的装备，帮助其获得最佳到店体验。通过零售店内的数字触点体验，威马汽车与到店来访者分享威马品牌故事、产品服务价值及品牌愿景。

不同于以往自上而下的管理模式，威马汽车采用智行合伙人策略，无须层级报备，而是每个门店直接解决问题，调动合伙人的社会资源，更高效地利用各个渠道。经销商变身合伙人，双份诚信平等交流，不仅带来更高效、更高品质的用车体验，也将激活围绕人、车、生活的"7×24小时"

智行新生态。2019 年初，威马汽车的智行合伙人已达到 50 家，遍布北上广等 50 个国内主要城市，同时有 29 个城市已经开始逐步实现交付。

互动接触带来新体验，威马汽车的行动与人们的正向反馈能够循环加固品牌与人的关系；频繁、高效的互动使得威马汽车与人共同成长，也使威马汽车渗透到人们生活的更多场景中；同时，人们为威马汽车的发展持续提供正向反馈，双方逐渐建立起像家人一样的长久共生关系，彼此见证关键时刻，共同成长。

品牌与品牌，从 0 到 1 构建生态

威马汽车致力于为人们提供未来新能源汽车产品及智慧出行解决方案，重新构建人、车、城市三者关系。为了从 0 到 1 实现全局体验战略落地，威马汽车在官方网站与体验中心等构建了线上、线下关键触点（见图 4-6）。一致的、无缝衔接的体验，助力威马汽车搭建起品牌与人、人与人、品牌与品牌多重关系组成的共生系统，全局体验战略也成为威马汽车对内经营、对外合作的一致方向。

威马汽车兑现承诺完成首次大批量交付，跨过造车新势力的实力虚实分水岭。2018 年 9 月，威马新能源汽车智能产业园 EX5 的按期批量交付有效证实了威马汽车的实力：自建工厂保证产品质量、亲民价格获得用户青睐、全面提供线上预约、线下体验、售后保障及出行服务解决方案等服务。威马汽车实现了其 CEO 沈晖此前的承诺："威马要打造一

款不依靠补贴,大众也能买得起、用得爽的国民智能电动车。"

图 4-6　威马品牌体验中心

全局体验战略让威马汽车内部在沟通语言和业务流程上达成了一致理解。比如,全局体验战略中对核心人群的清晰定义,帮助威马汽车在内部管理会议上更快地统一视角;以提升品牌全局体验为目标,威马汽车内部能更快地就不同关系阶段人群的出行场景、人群优先级别的区分等达成共识;全局体验战略也改变了威马汽车对出行服务的理解:出行服务不仅在于产品界面的设计层面,更渗透在其提供服务的全过程。

从普及智能电动车,到推出数据驱动的智能硬件,再到成为智慧出行新生态服务商,威马汽车全力推动全局体验战略落地,实现与合作伙伴共生共赢，落实智慧出行解决方案。顺应时代趋势、秉承产业报国使命，威马汽车始终以人为中心，携手合作伙伴推动自动驾驶技术研发和普及化进程，实现协同发展。

2019年1月，威马汽车与百度携手成立"智能汽车全球联合技术研发中心"。面向L3、L4、L5级别（SAE J3016标准）开展自动驾驶技术的研发及量产落地方案，推动中国率先实现高级别自动驾驶产业化。2019年6月11日亚洲CES开幕式，威马汽车联合百度发布了Valet Parking软硬一体解决方案，可实现在有限条件下的自动驾驶功能。

同时，威马也收获了来自媒体、市场、行业甚至是其他跨界品牌的关注、认可与合作。2017年底，威马汽车凭借50亿美元估值荣列2017年中国独角兽榜单第18名，并列新造车企业第1名；2019年1月，威马以2005台交付量的成绩，高居新造车企业交付排行榜第一梯队；2019年3月，威马汽车在第七届中国汽车售后服务大会上被授予"金服奖"。

基于品牌体验的长期战略性规划，其落实是关键。威马对于未来的思考，更多在于关注人群变化。从汽车制造与交易商到智慧出行服务商，威马期待能够引领一个更聪明的汽车时代，重新定义人、车、城市的关系，除了带来电动汽车普及外，关键在于重构品牌与人关系。威马汽车致力于成为未来人们在城市的智慧出行解决方案提供者，渗透到人们生活的方方面面。

结语

我们从威马品牌与人的互动轨迹、品牌与品牌的多方合作等角度，完整还原了威马构建智慧出行生态的过程。案例以公开信息为基础，力求呈现进一步的解析。

在与威马的合作中，令我感触良深的一点是：未来我们将更加关注品牌与人之间的关系塑造，人与人之间的互动影响，品牌与品牌之间的彼此赋能。品牌更应投身长期的价值创造，以获得更持续的体验回报。未来的品牌不仅需要满足人们对产品功能的需求，更需要通过一系列服务，与人们在情感、精神、关系上不断形成共鸣与相互认同。

如何实践体验思维

- 未来企业的可持续发展，需要跳出过往的单向供需，着手构建更加整体全面的共生系统。聚焦品牌与人、人与人、品牌与品牌三组关系，实现各方主体之间的交叉赋能。

- 品牌与人，基于更长时间跨度的共同成长，是真正可持续的战略方向。从陌生人、熟人、友人到家人，品牌需区分与核心人群所处的关系阶段，实现有效互动。随着关系递进，人群数量递减、深度价值突显。核心人群与品牌的双向认可，会推动其共生共融。

- 人与人，分享体验成就品牌。企业需重点关注"影响人群"与"追随人群"，前者形成口碑，后者接收并扩散口碑。数字时代的口碑就是生意。直连化、小群化、细分化、透明化是可行有效的口碑传播方向。

- 品牌与品牌，跨界合作彼此赋能。数字技术模糊原有行业边界，企业需重新定义自身竞争对手，以场景创新、产品与服务创新，来实现可持续发展。

第 5 章

数字化转型，
技术赋能体验升级

顶层架构，体验驱动数字化转型 / 203
必经之路，企业数字化转型三阶段 / 213
体验思维先行者｜安利，数字化转型带来新增长 / 221

顶层架构，体验驱动数字化转型

当下，
人们在智能设备上工作、生活、娱乐，
每天付出数小时时间。

数字时代一直演进，
互联技术与智能设备持续普及升级，
对于所有行业与品牌来说，
数字化转型都是道必答题。

中国数字时代发展历程

在数字时代初期，中国一直是勤奋的学习者和追赶者。尤其是在数字互联阶段，中国的发展落后于世界整体发展水平。但进入移动互联阶段之后,移动支付、O2O等新业态带来全新的数字体验,中国数字化进程世界领先。

至今,中国数字时代大致历经数字互联、移动互联和智能互联三阶段(见图 5-1)。

图 5-1　中国数字时代三阶段

1986—2010 年是属于互联网的年代,个人电脑大幅提高效率,以互联网为载体的门户网站及社交群落兴起,人们开始通过互联网认识世界。

2010—2015 年是移动互联网迅猛发展的 5 年,智能手机的广泛使用为普惠体验提供技术支持，各类移动应用深刻改变了人类的社会生活。

2015年开始，中国逐渐迈入智能技术规模应用阶段，语音交互、智能硬件甚至智能家居体系等改善了人们的生活，人工智能开始成为人类文明发展的一部分。互联网、移动互联网与智能互联技术更迭，人们生活的体验随之发生了巨大变化。

数字互联

在数字互联阶段，互联网技术的广泛应用丰富了人们的生活体验。线上虚拟世界成为人们生活的一部分，社交、购物、娱乐等都能通过电脑屏幕得到满足。网络资讯获取、兴趣内容搜索、云端相册存储、邮件瞬时收发等在线功能，成为人们进入互联网时代的全新体验。2006年9月1日上线的网易博客，为人们的沟通交流提供了相对开放、平等的网络平台，人们开始通过日志、相片等多种方式记录个人感想和观点，与陌生人建立连接。

互联网技术击穿了传统工业时代企业与人之间的信息高墙，人们拥有更多选择，逐渐成为商业的重心。企业端不再占据支配地位，互联网技术颠覆了企业与人之间传播与被传播的关系。丰饶经济背景下，人们选择范围变大，足不出户就拥有海量选项。同时，在线分享加速品牌的口碑传播，企业不再占据传播主导地位，个体发声门槛降低，重心在向个体倾斜。

移动互联

在移动互联阶段，移动互联网的接入让普惠体验成为现实。有了智能手机，线上购物、即时沟通、移动支付、在线学习、位置服务、手机游戏等风靡中国，人们的生活发生巨变。具体来说，以移动支付为例，2018 年 12 月，支付宝宣布其用户已逾 9 亿人。由于其省时省力、不用找零、大幅提高交易效率且杜绝假币隐患等特点，移动支付俨然已成为中国人生活的一部分。同比世界范围，中国走在移动支付前列。

普惠体验同样体现在教育领域，中国 2018 年在线教育 App 的活跃用户达到 2.2 亿人，其中三四线城市占比高达 51%。智能移动终端的快速普及，很大程度上解决了传统教育难以解决的空间问题和师资覆盖问题，带来长远的社会价值。

数量庞大且活跃的手机网民，是中国移动互联市场发展的巨大动因。2012 年，手机首次超越台式电脑成为第一大上网终端，中国 5.38 亿网民中手机网民数量占据 3.88 亿，催生了新的经济形态。始于互联网 PC 阶段的淘宝"双 11"活动，在 2012 年销售额达到 191 亿元，同比 2011 年翻了 6 倍。由此开始，"双 11"销售额连年刷新，2018 年 11 月 11 日的订单销售额超 10 亿元，移动互联网带来了销售额的爆发式增长。

智能互联

在智能互联阶段,机器学习带来更好的体验与更高的价值。2017年,支付宝在肯德基 KPRO 餐厅上线刷脸支付功能,识别准确率高达 99.99%。伴随人工智能、图像处理等技术的逐步成熟,人脸识别的商业场景开始普及。刷脸结算能有效缓解高峰排队现象,大幅提升结算效率,一台机器一年可节省 10 万元以上的各项成本费用。

同年,阿里巴巴正式推出其首款智能硬件产品天猫精灵,截至 2018 上半年,天猫官方表示其总销量超过 300 万台。内置 AliGeneie 操作系统,天猫精灵可帮助人们实现智能家居控制、叫外卖、充话费、购物等功能。

数字互联、移动互联再到智能互联是数字时代的三个发展阶段,目前中国市场发展程度并不同步,阶段性特点明显。一二线城市的移动互联及智能互联程度较高,也有部分偏远地区依旧处在数字时代前两阶段的普及或发展阶段。

能力升级,企业转型旨在满足需求

人与技术的持续互动带来商业环境的变化,处在数字时代三个发展阶段的企业,其创造价值及获取利益的方式也在发生变化。互联网改变了企业以往创造价值及获取利益的方式，产品、服务的提供商及付费方得到有机整合，"免费"商业模式盛行；移动互联网进一步延伸了人们与品牌的互动体验，其便携性、可识别和可定位的特征让人们可以随时在线，便捷地分享产品或服务体验，因此企业需要提供多渠道、无缝衔接的一致体验；当到达智能阶段，实现万物互联时，人与技术将进一步融合，品牌提供无介质甚至无渠道的服务将是未来趋势。

免费模式，互联网带来价值创造新方式

互联网时代初期，以 PC 端为载体的搜索引擎是流量入口。各大门户网站以免费内容吸引更多访问量，进而获得广告收入。绝对的"免费"并不存在，互联网时代人群的两大特征是海量人数与高频互动，人们在享受免费产品和服务的同时，也产生流量和关注度，这就为广告主提供了内容变现的可能。商业不再是简单的双向买卖交易，价值创造的形式也更加多元。

在互联网时代兴起并取得成功的企业，无一不是利用互联网技术为更多人创造了更好的体验。价值基于交换产生，互惠拉近人与企业的距离。1997 年，四大门户网站之一网易成立，仅用 3 年时间就成功在美国上市。网易从最初作为门户网站为人们提供内容，到布局在线游戏、电子邮箱、在线教育、电子商务、在线音乐等多重服务体系，都是在持续加深与人之间的关系，满足数字时代人们日渐多样化的需求，以此创造品牌价值，网易的服务范围扩张反映了互联网触角逐步延伸的过程。

数据打通，移动互联网整合多触点体验

以智能终端为载体的移动互联阶段更强调以人为本，企业更需要随时随地提供服务。永远在线、随时互联、即刻满足、时间碎片等是移动互联阶段网民的基本特征，加之产品功能层面高度同质化的特点，品牌间的差异化竞争力越来越表现在体验层面上。割裂的体验会急速削弱人们对品牌的好感。

基于个体数据提供良好的互动体验，是移动互联阶段企业拓展业务范围、不断创造价值的重要基础。人们通过手机里的各类应用程序随时随地购买产品、享受服务，而随即产生的数据留存又成为企业服务核心人群的依据。数据勾勒出人们的生活轨迹，也能帮助企业更快地与核心人群建立联系。如2013年上线的京东金融，就是利用京东商城获取的用户交易数据作为其贷款评估依据。

早在2011年，我们的团队就与全球酒店管理运营公司洲际酒店集团（IHG）达成了战略合作，为其规划设计数字平台服务流程，助力其在中国市场的本土化。在与洲际酒店集团的合作中，我们主张一致与无缝衔接的原则，主张品牌化的整体设计风格，在着手规划设计其网站的同时也考虑到手机端的适配与应用。"第一次有人规划了几乎所有的触点，总结出设计的核心，为之后的数字化转型打下很好的基础。"时任洲际大中华区数字营销部副总裁的邱俊龙（Long Chiu）这样评价此次合作。

人机互联，智能技术引领服务升级

人工智能进入商用领域之后其价值逐渐突显。大量场景化数据积累为人工智能的发展提供了土壤，这也是支付宝刷脸技术得以实现的重要原因。省去手机这一介质，智能技术直接连接人与服务。技术服务于人，数字科技亦然。

智能互联意味着人与人、人与物、物与物皆可实现智能联动，服务会更加智慧、无形。为满足个体需求，企业需要形成纵向的生态链，完整地收集场景闭环数据，全面利用数据创造更多价值。中国互联网巨头腾讯 2017 年提出"AI in All"战略，让人工智能技术与各行各业结合起来，落地于内容、游戏、医疗、零售、金融、安防、翻译、社交八大场景，充分发挥人工智能的技术价值为用户服务。

企业战略，体验驱动数字化转型

企业数字化转型，是企业应对时代发展的战略决策。2019 年 7 月，被《福布斯》杂志评为"学术界乔布斯"的约翰·梅达（John Meada）宣布，连续出版 5 年的《科技中的设计报告》（*Design in Tech Report*），将于 2020 年起正式更名为《CX 体验报告》，"X"意为体验（eXperience），"CX"指在数字技术（Computational）影响下人们（Customer）所感受到的体验。我们预言，"体验"将成为商业演进的下一个关键词。

数字时代遵循以人为本的价值创新逻辑，企业数字化转型，是以体验驱动、数据支撑、智能解决的顶层战略转型。聚焦打造更好的体验，是企业在数字时代转型的顶层战略规划。为满足数字时代人们不断变化的需求，企业需要进行全面数字化转型。企业数字化转型对应三阶段：数字化、数据化和智能化。人们前端感知到的消费体验，是企业中端运营能力与后台数据积累能力的最终呈现。

数字科技整合企业核心资源，为自上而下打造一致的数字体验提供可能。盒马鲜生于2017年正式上线，为用户提供近距离的生鲜配送。依靠阿里大数据洞察及云端算法，人们在前端的直观体验是，下单之后3公里内30分钟盒马鲜生即可快速送货上门，为了让用户享受到这样的优质体验，盒马鲜生利用数字科技实现仓店一体和线上线下一体化运营，通过自动物流设备落实高效分拣和统一配送的双向导流封闭循环。成立仅1年，盒马鲜生已在全国14个城市拥有64家门店，为超过1000万用户提供服务。盒马鲜生旗下成立1.5年以上的门店单店日均销售额超过80万元，线上销售占比超过60%。

传统企业进行数字化转型，关键在于顶层理念的转变。中国居住服务提供商万科于2016年1月，启动了其集团层面的数字化转型计划"沃土计划"。基于数字时代人们的居住新需求，万科重构自身服务生态，重塑开发、营销、服务及产品四大模块的业务能力，实践装配式建筑、O2O全渠道精准营销、提供跨业态生活服务及进行柔性生产。

提升客户体验,是万科数字化转型的方向和依据,也是其使用数据的基本原则。万科通过筑融(ICP)系统全面打通核心业务流程,以满足客户需求、优化业务流程为目标,实现跨部门协作、跨地域协同和信息共享。智慧数据平台慧眼(IDP)系统提升了其数据交互效率,助力业务单元精准分析和快速决策,实现部门协同、数据共享和统一绩效管理。同时,万科还打造了万科数据中台,以整合、沉淀多个业务平台内的客户及产品数据,通过数据洞察,为各类客户提供更加精准、更加个性化的服务体验。

企业进行数字化转型,本质上是借助数字科技为核心人群创造价值。数字时代的品牌长期主义,在于企业是否具备利用数字科技长期为人们提供良好互动体验的能力。企业需要明确自身价值主张,以体验视角构建数字化顶层规划,才能不断加深与人的连接,实现长足发展。

必经之路,企业数字化转型三阶段

企业数字化转型是系统工程,需要持续规划、落地、迭代。
人们在前台享受流畅美好的数字体验,
需要企业在中台和后台不断积累相应的运营与数据能力。

数字化、数据化、智能化是数字化转型的三个阶段。
三者并非割裂独立,依此接力升级,
而是步步深入,相互融合的同时滚动发展。

数字化,功能接入带来高效体验

数字化转型是身处数字时代的企业生存发展的必经之路,企业在数字化、数据化及智能化三阶段的能力构建,是其实现数字化转型的具体实战指导(见图 5-2)。

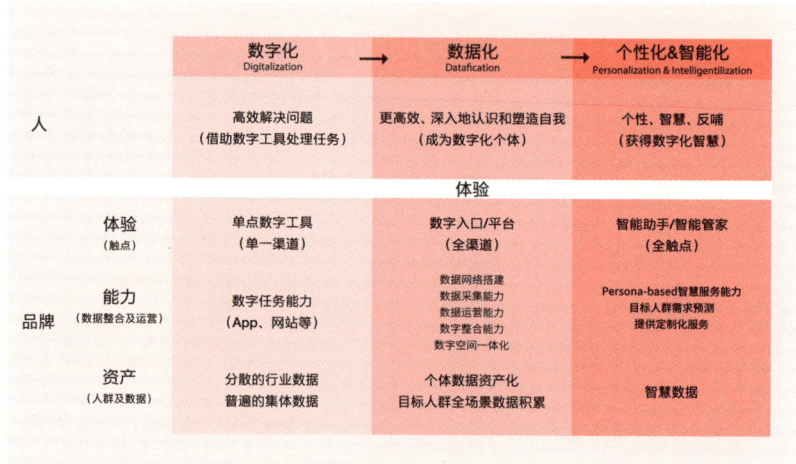

图 5-2 企业数字化转型三阶段

数字化阶段是企业整个数字化转型的最基础阶段。在数字化阶段，人们与品牌的接触方式从线下转移到线上，人们借助数字工具高效处理日常事务，享受到高效、便捷的服务体验。同时，企业接触到的客户数量从少量变为巨量。不同类型的企业在数字化阶段的起点不同，所面临的挑战和机遇也不尽相同。

企业数字化转型始于数字化阶段，企业以数字终端功能体验为入口，构建自身的数字化基础服务能力。人们与企业的互动短暂而明确，功能满足是彼时人们最大的需求。中国最早的电子商务平台之一当当网，于 1999 年成立并推出在线图书商品信息浏览、在线购买等功能，就让人们感受到了数字技术带来的高效与便捷，用数字终端功能体验入口建立起与核心人群的连接。

互联网原生企业在流量获取、互动频率方面具有先发优势，因而也能更快获取商业成功。1997年成立的网易和1998年成立的搜狐、新浪，凭借在PC端提供优质内容，同时通过搜索引擎获取流量，均于2000年在美国纳斯达克股票交易所成功上市，引领中国互联网创新浪潮。

比之互联网企业，传统企业内部的数字化能力薄弱，在接触、理解、留住核心人群方面均处于相对弱势的位置。传统企业由工业时代过渡而来，长期依靠线下店铺渠道，如何利用数字技术构建自身数字服务能力，应对跨界挑战，是其面临的最大挑战。

传统企业进行数字化转型，关键在于顶层理念的转变。以运用数据为例，大数据强调的"千人一面"，其实只是运营层面的临门一脚。品牌需要的，是从"千人一面"的定位，到"千人多面"的策略，再到"千人千面"的触达。万科于2016年1月启动了其集团层面的数字化转型计划"沃土计划"。首先，从品牌定位层面，万科从传统房企交易商转变为中国城市生活服务提供商。品牌策略方面，万科是基于数字时代人们的居住新需求，重构自身服务生态，重塑开发、营销、服务及产品四大模块的业务能力。在此基础上，实践装配式建筑、O2O全渠道精准营销、提供跨业态生活服务及进行柔性生产等，以实现"千人千面"的服务触达。

从线下到线上意味着对整体业务逻辑和管理理念的重塑，而非停留在 App 设计或网站交互层面。时至今日，90 后、00 后等互联网原住民逐渐成为社会消费主力，越来越多的人依赖数字科技带来的便捷与高效体验。在未来，移动互联将进一步延伸至金融、医疗、美容、出行等生活体验的各个方面。

2017 年 3 月，我们的团队与上汽通用五菱自创品牌宝骏开展合作，重新规划其数字服务触点，以体验引领品牌全面升级。基于三四线城市的熟人式社交，我们为宝骏规划高效、舒适的到店互动体验旅程：通过服务工具和服务流程的数字化等赋能经销商及 4S 店工作人员，为其提供统一的数字工具，完成算价、分期等高频操作，方便人们购买，也提高销售顾问的工作效率。宝骏通过全面搭建数字化触点来改善并引领用户、经销商、宝骏品牌三方之间的互动关系，全面提升品牌价值。

数字终端功能体验是入口，导入消费数据并优化服务体验才是目的。但由于数字化转型还处于初级阶段，企业依靠在数字化阶段积累到的分散行业数据和普遍集体数据，难以提供更有针对性的服务体验。接下来就进入数字化转型的第二阶段：数据化。

数据化，渠道融合实现整合体验

数据化阶段是整个数字化转型中积累数据资产最重要的部分，数据化阶段连接数字化和智能化两大阶段。数字时代无时无刻不在产生数据，数据和连接是关键。来自多方场景的数据积累可以帮助品牌构建人物画像，以人的视角使用数据方能最大限度地发挥数据价值。

数据化阶段，人成为虚拟数据的集合。阿里巴巴旗下的应用除了淘宝、天猫、芝麻信用和支付宝之外，盒马鲜生、钉钉、饿了么、咸鱼、优酷等也都被其纳入麾下，原因就在于阿里要通过购物、生鲜、办公、饮食、娱乐等各种方面的数据，全方位、多角度地了解核心人群，进一步增强其"了解人、服务人"的强大能力。

全球知名豪华汽车品牌奔驰，与我们的团队合作构建了全触点电商服务平台，除了提供更高效便捷的线上、线下服务之外，奔驰更重视如何从每一次的销售行为中获取更多的隐藏数据，进一步构建出完整的人群画像，使得每一次服务触点都能在潜移默化中帮助奔驰构建更长远的品牌与人的关系。也由此，奔驰全新的电商服务平台，重新定义了人们的汽车消费行为，这不仅是其品牌新零售的开端，更代表了整个汽车行业的发展方向。

以个人为中心，企业可以通过多场景布局收集数据，延伸服务能力。阿里旗下应用芝麻信用，基于网络交易及行为数据，从信用历史、行为偏好、履约能力、身份特质和人脉关系五个维度，构建出对一个人的信用评估结果，基于征信记录，为人们提供快速授信及现金分期服务。芝麻信用是"互联网+信用价值商业化"的有力证明，其与租房平台、银行等的合作，更是将信用社会关系转化为新的消费力量。

基于人的维度使用数据，能更有效发挥数据对未来的推演能力。数据是数字时代新的核心竞争资源。企业所积累的个体行为等数据越多，就越能从多维度了解其核心人群，构建更精准的数字人物画像，并进一步优化服务体验。通过云端算法整合累积的个体数据将成为企业的重要数据资产。如蚂蚁金服的"3-1-0"在线借贷模式，3分钟申请、1秒钟处理和0人工干预，就是借助其对个人多场景数据的积累实现的个性化高效服务。

不同于数字化初期的笼统数据，企业在数据化阶段会积累更具象、更有针对性的个体数据。当企业能获取每个人的全场景数据时，借助云端计算与重组能力，提供定制化服务的精准商业时代即将到来。由此进入数字化转型的最后一个阶段，即智能化阶段。

智能化，万物互联实现个性体验

数字化转型进行到第三阶段，即大规模个性化和智能化服务阶段。数字科技将以更加能动、智慧的方式惠及人类生活。随着人工智能技术进一步发展，技术与人将进一步融合。

人工智能技术商业化的最佳方式，是基于正确的应用场景打造生态系统。早期各大电商平台推出人工智能产品时，微软和谷歌都没有获得什么购买数据，而亚马逊推出的 Echo 智能音箱成功突围，一年卖了 8000 万台。究其原因，微软和谷歌的终点是 PC 端和手机，所以这二者与人交互的主要形式是手指而非嘴巴，亚马逊则基于语音交互将人工智能技术嵌入智能音箱，便能更巧妙地使其嵌入人们的生活方式。

智能化意味着企业具备随时随地为人们提供个性化智能服务的能力。精准洞察核心人群的需求变化，是企业能持续提供有价值的服务的基础。企业端所累积的个体细分数据，都将成为其提供精准服务的依据。企业也将从提供数字平台服务转而成为智能助手，用智慧数据服务核心人群。

智能化阶段，个体与环境可以在技术赋能下实现智能互联。小米倾力打造的智能家居体系，就是用人工智能技术改善传统纯硬件的产品体验。将人工智能技术植入产品，将整个家居环境形成一个以人的需求为中心的场景，通过 App 数据接口实现人脸识别、语音操作、自动调节等一系列功能。其未来趋势是让家居环境比人们更懂他们自己的需求，即利用人工智能及云端计算能力预测并满足人们的需求，建立智能互动连接。

智能化阶段，品牌与人将构成由数字终端连接的价值群落。人们与品牌之间会形成双向强化机制，企业以更智能的方式提供服务，人们也能在无缝衔接的体验中感受到数字智慧的种种好处。渠道的重要性会逐渐减弱，从单一渠道到跨渠道、全渠道，未来甚至可能不再有渠道的概念。人们将"因工具而来，为关系而留"。

智能化阶段，品牌的人格化特征会越发明显，数字智慧会更快让对的人找到对的品牌。数字时代的品牌竞争逐渐超越产品功能层面，人们在做出价值判断时会更注重整体体验与真实感受。人们通过与品牌的每一次互动体验感受到品牌的人格，并选择最适合自己的品牌。不同于营销，智能化阶段的品牌人格更基于深层价值主张，而非表层情绪。

数字化转型可以为品牌带来价值的持续增长。从数字化阶段的效率提升，到数据化阶段的深层互动，再到智能化阶段的个性服务体验，企业所提供的价值边界在不断扩大，而个体所感知到的价值则在不断深入。诚如麻省理工学院斯隆管理学院数字经济首席科学家乔治·韦斯特曼所言："成功实现数字化转型的企业，就像毛毛虫变成了蝴蝶。它仍然是同一个有机体，但它现在拥有超能力。不幸的是，当谈到数字化转型时，许多高级管理人员并没有考虑变成蝴蝶。他们想的是变成更快的毛毛虫。当你还在爬行时，你很难跟上正在飞行的竞争对手。"

体验思维先行者

安利，
数字化转型带来新增长

案例品牌： 安利

案例跨度： 2015—2019 年

案例结果： 2018 年，安利中国在连续 3 年业绩下滑后实现了 3% 的业绩增长，为安利全球贡献了 30% 的销售额。2018 年安利中国的营业收入中超过 80% 来自互联网端。同年 11 月，安利在中国设立"安利全球数字创新中心"，将中国区的数字化解决方案向安利全球输入。

案例价值： 安利的案例展示了传统企业的数字化转型之路。

本案例将关注以下关键问题：

· 中国直销行业在互联网与电商时代遇到哪些挑战？

· 安利如何抓住数字变革与消费升级的机遇，摸索出适合中国的解决方案？

· 安利在体验战略中有哪些核心观点与思考？

· 传统行业品牌如何进行数字化转型？

本案例基于我的亲身经历,以洞察的视角呈现了全球知名直销品牌安利的数字化转型战略。4年来,安利一直在结合社交电商新业态,探索直销模式升级下的全新品牌体验。依靠数字技术赋能安利年轻一代,重新定义安利与销售代表、顾客之间的关系。作为首席体验策略师,我带领团队深度参与了安利数字化转型的战略性项目,就体验战略规划、数字化赋能品牌体验中心和升级社交电商,与安利团队持续紧密合作。

领头羊的新挑战

安利成立于20世纪50年代,创始人杰·温安洛(Jay Van Andel)和理查德·狄维士(Richard DeVos)在上门推销纽崔莱维生素的过程中,有了一个深刻的发现,至今被奉为安利事业发展的基本理念:人与人的关系是任何事业成功的核心,有了顾客持续的信任,就有源源不断的业务。

安利1992年进入中国市场,并迅速以可靠的质量与独特的销售方式占领中国市场。中国是安利美国公司的第97个海外市场,且在之后短短几年内成为其最大的海外市场。2010年,安利中国(后文简称安利)的销售额达到近220亿元,一直到2014年都保持着年均10%的速度稳步增长。

数字时代商业环境急剧变化，安利的竞争优势不再明显。2013年微商行业销售额还不到100亿元，2014年就已达到600亿元。微商的迅速崛起给整个直销行业带来巨大冲击。自2014年起，安利遭遇销售额停止增长，开始走下坡路的困境。

互联网背景下成长起来的新一代逐渐成为社会消费主力，他们人数众多且没有明显的地域区别。安利依靠销售代表（Amway Business Owner，后文简称ABO）多年积累的线下销售经验，明显难以适配中国经济的高速变化。安利面对新的消费主力，在数字化接触、数据积累等方面准备不足，这是其品牌转型的最大困难。

此外，互联网背景下迅速成长起来的新品牌，也在不断分走安利的既有市场份额。安利主要依靠ABO通过线下渠道开展业务，难以敏捷应对数字时代人们的需求。安利既不知道哪部分顾客被竞争对手抢走了，也无法为众多ABO提供高效的数字化工具，以服务数量庞大的顾客。

数字变局，传统直销行业转型难题

社交电商，关系价值多元化

数字互联技术改变了人与人社交的方式，也对商业提出了新命题。"海量人数＋高频互动"是互联网时代人群的显著特征。社交电商的出现以及迅速发展，利用了人际交往的连接与互惠两大特性。社交拼团电商拼多多可谓将这一特性发挥到了极致。借助微信10亿多的用户流量，拼多多仅用三年时间便成功在美国上市。社交电商的核心有三点：信任、产品、关系变现。这与安利过往成功的关键完全一致。核心差异在于，安利过往依靠线下接触完成交易，而社交电商则依靠移动互联网实现与人的互动。

社群与社交是直销模式的根基，未来移动互联网将助力直销企业实现迅速扩张。去中心化的社交平台，让每个人的传播力量都能迅速扩大。不同于以往实体经济中的人际传播，移动社交关系价值表现更为多元。

线上接触并影响到的潜在顾客的数量成倍增长。传统线下形式，一名ABO平均每天能接触6位顾客，如果召开主题活动，可接触到的顾客数约为20人，而这已接近极限；借助社交网络，一名ABO通过一天的活动，就可能接触到超过1000位新人，一个产品社群可以向超过200位潜在顾客发送产品介绍与促销信息。

同时，交易达成不再受渠道限制，人们越来越习惯线下体验、线上交易的模式。线下实体店渐渐成为品牌形象展示与体验中心，而线上远距离传播及交易可实时完成，线下渠道和空间有了新的含义。ABO尝试通过微信、微博等接触并筛选顾客，并进一步建立细分产品社群，再有针对性地发送可能打动他们的信息。

建立信任是达成交易的前提，随着人与人沟通方式的变化，安利与人建立信任的途径也在发生变化。数字时代的社交主要发生在线上，这也意味着 ABO 需要用更符合人们社交习惯的方式，促成交易并吸引潜在伙伴加入。

顾客与 ABO 的互联网化

直销作为最经典、直接的商业模式之一，销售代表是其业务扩展体系运转的关键。安利的 ABO 不需要经过经销商，便可直接将商品卖给顾客。ABO 是从安利产品或服务的使用者转变而来的，安利通过 ABO 为人们销售产品、提供服务，从而达成业务目标。

也由此，安利需要向其全球 300 多万名 ABO 提供高效、便捷的销售和管理支持，一方面，帮助他们更好地服务顾客；另一方面，需要吸引更多顾客成为 ABO，来维持整个直销体系的运转。这样的模式特点，需要安利进一步理解人群需求。安利不仅仅需要吸引顾客形成购买，还需要提高品牌吸引力，以使顾客愿意加入并成为展业伙伴。

数字时代人群分化加剧，ABO 的沟通方式与以往不同。数据显示，安利活跃的 ABO 中，年龄在 35 岁以下的占 40% 左右；而新加入的 ABO 中，年龄在 35 岁以下的则高达 50%。他们是互联网原住民，生活和社交方式与以往人群有着显著代际差异。无论是吸引他们购买还是与他们成为志同道合的 ABO，都需要使用新的沟通方式。

针对年轻化、互联网化的顾客及 ABO，安利于 2014 年启动体验战略，推动传统直销模式转型升级。为了获取年轻顾客的青睐，安利开始了产品、营销甚至业务形态的年轻化历程。2017 年 9 月，安利针对年轻人推出了能量饮料、面膜和彩妆等产品，以"年轻和自由取决于你的行为，而不是年龄""有你就有可能"等口号吸引关注，同时主打低糖、低热量等产品特点，迅速吸引时尚、运动、潮流群体的关注和热捧。安利旗下于 2018 年上市的雅姿 Studio 彩妆系列，使雅姿 35 岁以下的顾客数量增长了 3 倍。

2019 年 8 月 29 日，安利增设全球首席体验官，由数字化转型领导者凯利·史密斯担任，他曾为星巴克、美高梅等品牌创造过良好数字化体验，现在负责打造安利全球的数字品牌体验，包括数字化创新、大数据、体验中心等，通过简单便捷的数字化和社交体验来帮助心态年轻的 ABO 和顾客获得成功。图 5-3 展示了安利顾客与 ABO 的关系。

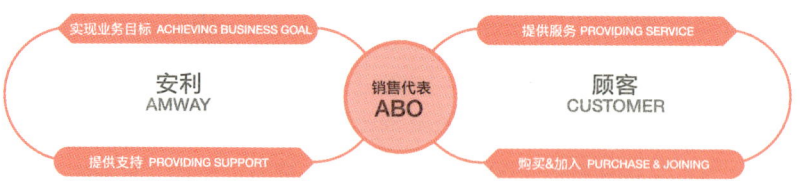

图 5-3　安利顾客与 ABO 关系图

数字化体验的整合与再造

理解人群，从人物画像到体验旅程

帮助 ABO 成功创业，是安利不变的价值观，也是其数字化转型的核心诉求。安利不断发展壮大的 ABO 团队，是安利模式 60 多年来持续发展的核心原因。ABO 有完整而体系化的成长路径，收入和职级都有明确的规则和梯队，安利为 ABO 管理提供高效支持。

不同于其他行业顾客与销售代表"各司其职"，安利的 ABO 都是从顾客发展而来。一名 ABO 从加入安利到成为核心骨干，再到成为领导人，可能需要经历 5 年以上的时间，再加上他们作为顾客的阶段，这个时间会更长。这导致安利 ABO 团队的年龄跨度非常大，从年轻的 90 后到非常成熟的 70 后不等，年龄、地域、生活习惯、教育背景、需求偏好等也都差异巨大。为此，我们的团队经过深入洞察，建立了针对安利 ABO 的人物画像。

不同类型的 ABO 展业及管理方式有所差异。如 85 后安利新生代 ABO 普遍认为生活比工作更重要，他们宁愿省下时间躺在沙发上开展朋友圈社交，也不愿意将时间花在去见陌生人的路上；这与出生在 1980 年到 1985 年之间的勤恳的安利人形成鲜明的对比，他们更倾向于把大量的时间花在线下与潜在顾客的接触上。图 5-4 展示了安利新生代 ABO 的人物画像。

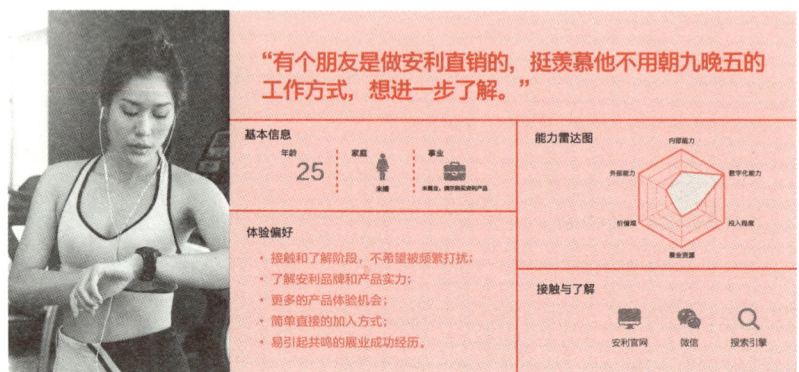

图 5-4 安利新生代 ABO 的人物画像

ABO 都对安利有相当高的品牌认同感,但彼此展业方式各有差异。当一个安利新生代加入一个由勤恳的安利人所带领的团队时,冲突就会发生。双方对于接触与转化顾客的看法与做法并不一致。

安利持续关注年轻人群,希望能提供有针对性的工具,让年轻人能更好地与团队合作。安利团队区别看待年轻人群的核心场景需求,有针对性地提供不同的工具:安利新生代需要的是可以在朋友圈发布的九宫格产品图片;而勤恳的安利人则更希望能当面给顾客打开产品介绍和视频。

针对安利新生代的核心场景需求,安利推出了"一部手机、一个兴趣、一群朋友"的创业 2.0 模式。年轻 ABO 的展业方式,不再是去人流拥挤的地方发传单，而是跟顾客一起参加美容、健身等社群活动，运用"优质爆款产品＋安利微购"双剑合璧打法，翻开创客生涯新一页。

安利创业 2.0 模式满足了创业小白对轻创业的一切想象，也增加了安利事业对互联网原生人群的吸引。年轻的 ABO 们即便在旅游时，也能够一边享受美景美食、一边推广安利微购，将一位顾客从安利产品粉切换到事业粉模式。

从顾客到 ABO 的成长路径

为了解每个阶段的顾客和 ABO 的诉求与场景差异，我们进行了完整的体验旅程研究。图 5-5 描绘了顾客从品牌接触、品牌了解，到购买产品、认可安利的态度和生活、工作方式，并最终加入安利体系，成为安利大家庭的一员，有一个持续成长的过程。

根据不同关系阶段的顾客与安利之间的关系，我们规划了顾客成长为 ABO 的全旅程地图。顾客从认识（Awareness）到认可（Commitment）再到拥护（Advocacy）品牌，所对应的安利品牌策略与业务目标不尽相同。基于品牌与人关系模型及对人群行为的判定，再借助安利数字化触点积累到的后台数据，安利能精准定位不同人群，并为其提供满足需求的服务，同时进一步为安利的产品设计与功能开发提供参考，助力安利实现业务目标。

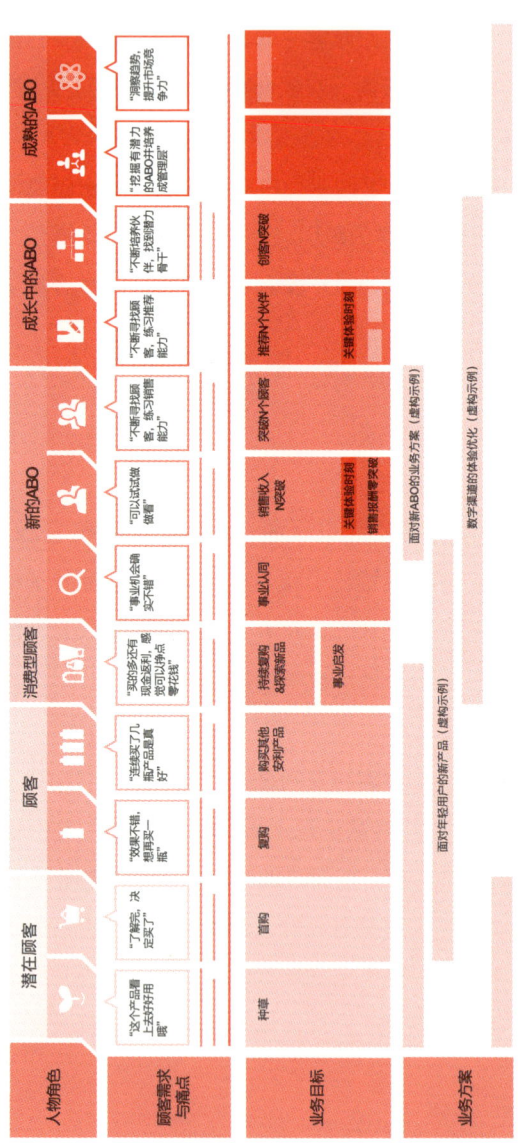

图 5-5 从顾客到 ABO 的品牌认知阶段(部分涉密信息隐去)

通过规划从顾客成长为 ABO 的全旅程地图，安利能够以更统一的视角看待原来分散的体验，让分散的体验体现出各自的价值，也有助于安利内部更好地进行跨部门合作。基于人群洞察及旅程规划，安利团队能够精准地赋能不同阶段的 ABO。在此过程中，安利的数字化也在不断进阶，最为关键的一环便是其为 ABO 提供的强大而有效的数字化工具与服务。

数字化进阶：从工具到平台，再到服务助手

ABO 是安利最有价值的资产，ABO 的效能决定了其所创造的价值。安利需要让年轻的 ABO 们更快融入直销体系，了解运作方式，实现更多的销售，并从中获得足够的收入，也让 ABO 在体系中得到成长，创造更多品牌价值。

为整体持续赋能 ABO，我们与安利团队将其数字化转型划分为三阶段——数字化、数据化、个性化及智能化，基于长期战略目标分阶段达成（见图 5-6）。其中包括顾客加入、学习成长、寻找顾客、销售、管理团队等一系列核心场景，并通过对核心场景的分析，明确 ABO 在不同场景的需求，从而将重点聚焦在提升核心场景体验上。

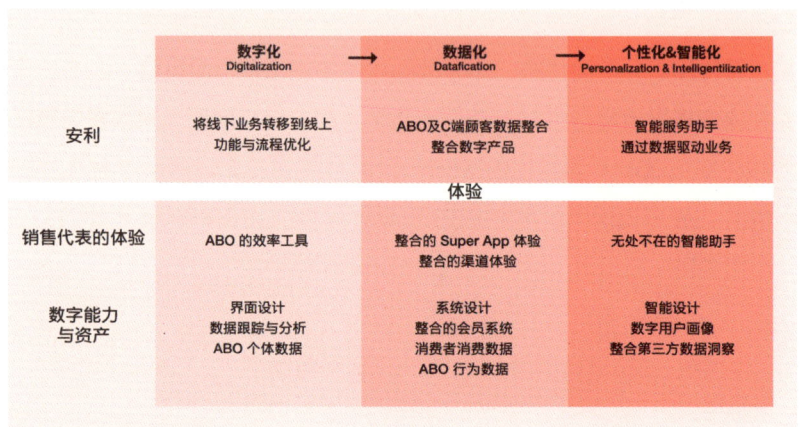

图 5-6 安利数字化转型三阶段（部分涉密信息隐去）

数字化

数字化阶段是数字化转型的第一阶段，借助数字工具实现线下任务数字化。大部分的企业会将使用 App 等同于完成数字化转型，而实际上，将原本发生在线下的任务转为线上处理，只是数字化转型的第一阶段。稳定性、高效率与可用性是这个阶段的三个关键指标。

散点数字化会增加 ABO 的负担，数字渠道整合才能带来高效与稳定。安利将以往分散的数字渠道，如网站、微信公众号、App 等加以整合，提升了所有数字工具的效率。除了提供日常销售和管理的工具，安利还为 ABO 打造了社交化营销（Social Selling）工具，让 ABO 能够借助微信及其他社交工具，更好地进行社交化营销并拓展业务。

安利通过人物访谈和可用性测试来发现与定义问题，聚焦提升核心场景任务完成的效率和可用性，同时通过设立不同的指标持续优化体验。到 2019 年，安利 80% 以上的业务均在线上完成，App 成为安利与 ABO 及顾客建立连接的关键触点。

数据化

在数据化阶段，安利通过整合多方数字渠道获取到更精准、更有价值的数据资产。这就需要前、中、后台的通力协作。前台是数据的入口，在设计前台功能时，就应该考虑到需要收集的数据，不仅需要检测必要的行为数据，也需要设计出让人们愿意交换数据的交互功能。

在数据化阶段，人成为虚拟数据的集合，所有功能服务都是以人为单位展开的。以安利为顾客提供标签信息管理这一功能为例，数据化不仅能帮助 ABO 更好地管理顾客，也能让 ABO 获得更多顾客的原创标签信息（User Generated Content，UGC）。将 ABO 对顾客的数据积累，匹配顾客提供的标签信息，就能形成更加完整的数字个体画像。同时，安利打造了后台唯一的数字账户体系，并引入顾客数据平台（Customer Data Platform，CDP）等数据管理系统，以人（既包括顾客，也包括 ABO）为单位来积累数据。

多渠道部署不同产品，能帮助安利获取足够的单位 ABO 的数据，包括智能手机 App、微信小程序以及 H5 移动网站。为此，安利采取了模块化的中台设计，这让安利能够在不同的渠道，根据需求快速部署不同服务。

个性化及智能化

在获取足够的数据之后，基于完善的数字人物画像，安利将为不同的顾客提供个性化的产品推荐和服务，进而提供有区分的智能指引。首先，丰富的数据分析和横向对比，能帮助 ABO 更清楚地了解自身特点和优势，并实现晋升；同时，对于他们的顾客，ABO 则可以看到隐私信息之外的需求分析和智能行动建议。

企业数字化转型的阶段性目标，是成为其核心人群的智能助手。个性化是智能化的初级阶段，智能化是基于个体提供的精准服务。安利将核心业务团队多年的经验转化成指导意见，并引入人工智能引擎来建立复杂模型，提供更有效的洞察与建议。

数字化时代，人们的生活由线上虚拟和与线下真实交织而成，品牌需要打造全渠道的数字体验闭环。

数字升级,从单一接触到全触点数字体验闭环

线下体验无法割舍

尽管越来越多的体验可以通过线上完成,但线下实体店依旧是建立信任和深层关系的必要存在。举例来说,人们一般都会优先选择有实体店面的商家点外卖,因为实体店面在一定意义上代表正规和卫生;单身男女们在各种类型的相亲软件上聊得再投机,关系要进阶到下一步,还是要走上"奔现"的道路。

换言之,在线上二维世界里,无论是对人还是对物,人们的认知总是残缺而模糊的,体验也是不完整的。人们需要在看得见、摸得着的亲身经历中,才有可能建立相互信任的深层关系。VR和AR技术的出现正是在尝试打破二维和三维的空间界限,也在一定程度上填补了线上与线下的体验裂缝。

过去那些服务和体验欠佳的实体店逐渐被淘汰,这并不意味着线下实体店会被线上取代,相反,这是在为更好的线下体验指明方向。2018年实体店开始回潮,甚至一些专注线上的电商平台也纷纷开始转投线下,日食记、二更等内容媒体品牌也尝试开设线下体验空间。

安利体验中心(Amway Experience Center,AEC)线下实体店,是其与人们建立信任、发展业务的核心场景。在过去依靠线下渠道开展业

务的时期，ABO 经常会带顾客回到家里共聚晚餐，在吃饭闲聊的过程中，让顾客体验并接受安利的产品。相比强拉硬拽的上门推销，有情景的空间和沟通方式更能加强 ABO 与顾客之间的信赖感和亲密度。因此，安利为 ABO 打造了众多线下空间，有专供购货的站点，也有提供展示的体验店，让 ABO 能随时随地找到合适的空间与顾客交流。

而现在，安利将重新打造这些体验店，一方面是为了实现与线上数字体验的无缝衔接，建立一致的品牌整体体验；另一方面，安利将打造更符合互联网时代标准的空间，以打破人们的刻板印象，用顾客的体验旅程图，帮助 ABO 在线下快速建立与顾客之间的连接。图 5-7 展示了安利 AEC 体验馆服务触点蓝图的部分信息。

数字触点

安利体验中心之所以能提供流畅的前端体验，是基于其背后支撑整个体验旅程的众多互联的数字触点。体验中心的设计落地完成之后，顾客从进入体验馆开始，即可通过可穿戴设备、智能监测仪等，与安利数据中心建立连接。遍布整个体验馆空间的大大小小的互动显示屏为顾客提供品牌和产品信息，除了传统的视频、音频、图文之外，还将加入互动游戏和检测服务。

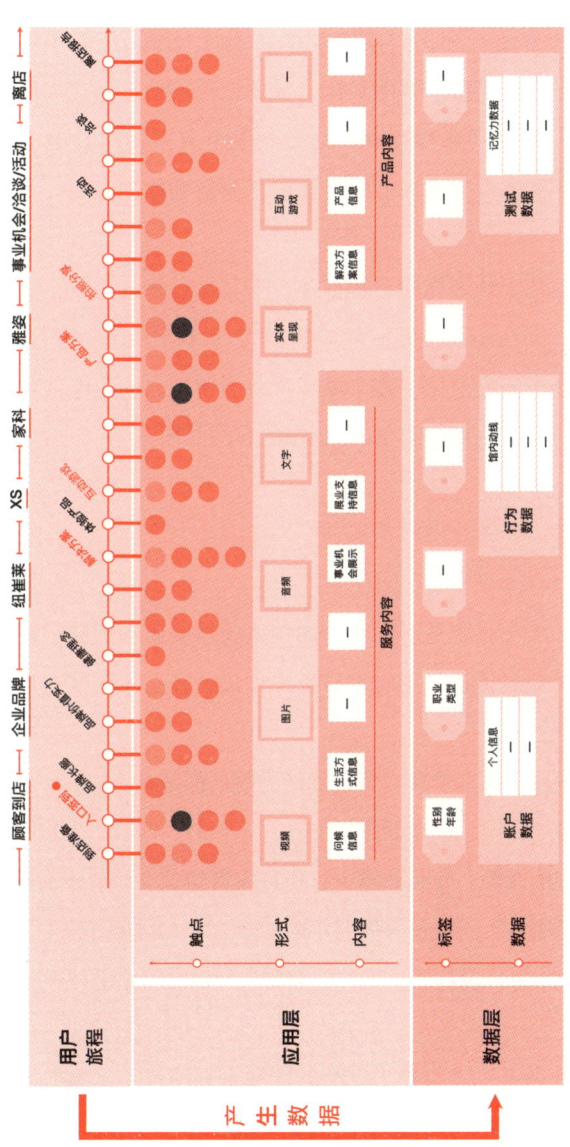

图 5-7 安利 AEC 的体验馆服务触点蓝图(部分涉密信息隐去)

移动互联方便顾客实时获取数据并及时分享。智能手机上的 App 与微信小程序则是连接顾客的关键。具体设计落地之后，人们可在安利体验中心扫码以实现账号互联，从而获取个人报告以及更多产品推荐等。数据触点互通，方便人们随时将信息分享到社交圈。

数字触点基于顾客体验旅程搭建，安利也可将这些数字触点背后的服务模块化，并在不同地域的体验店内实现灵活组合。打通数据触点，保证底层信息多平台使用，多个城市可共通使用。内容模块化，在露出安利品牌的同时，也保证了 ABO 制作内容的品质。

数据采集，个性服务

数字时代人与品牌是双向互动的关系，体验店中的数字触点不仅是单向的信息呈现与传达，同时也肩负着收集顾客立体数据的重任。

对品牌来说，顾客的所有信息和行为数据都是有价值的。品牌需要了解顾客立体的个人信息，包括定量的性别、年龄、地域，也包括定性的行为偏好、价值选择等。安利体验中心通过大量的互动环节来获取数据，例如，顾客可以通过智能魔镜来体验不同的妆容，在这个过程中需要顾客提供他们的基本信息以及皮肤数据，他们的选择也会体现出对产品的偏好。

数据信息会进一步勾勒出完整的数字人物画像，从而助力安利为其顾客提供更年轻的产品、更个性也更智能的服务。ABO 不会获得顾客的隐私信息，但会获得更多关于顾客的需求偏好和建议，从而更好地为顾客提供必要而贴心的服务。

品牌体验之旅

当顾客在 ABO 邀请下准备开始新的体验之旅时，顾客会收到一份数字邀请函，指引他们来到附近的体验馆。在签到之后，他们会戴着数字手环来进行品牌之旅。我们希望，顾客可以在不同的品牌体验馆中获得更丰富、有趣的体验，比如通过专业的机器进行身体测试，获得详尽的身体状况数字报告，也有可能在虚拟农场参与身临其境的 VR 互动游戏，甚至在三维空间中了解净化器的科学原理等。

顾客和 ABO 以及品牌的互动占据了整个体验过程，体验之旅意在加强顾客对品牌的理解和认同，而不仅仅是达成销售。在整个体验之旅中 ABO 也将始终伴随顾客左右。在旅程终点，ABO 和顾客可以一起坐在舒适的咖啡厅里，聊聊感受和喜欢的东西。ABO 不但能了解顾客的需求，也能在舒适的场景中加深与顾客之间的情感联系。

预计到 2020 年底，安利现有的 266 家传统店铺将全面转型为 230 家体验店。

结语

案例梳理了全球直销巨头安利的数字化转型之路,既涵盖了至关重要的战略规划及可见的市场成效,也涵盖了安利在转型初期经历的弯路、遭遇的阵痛及反思之后的深刻洞察。以公开信息为基础,案例力求呈现更深入的解析。

数字化转型本身不是目的,目的在于借助数字化手段持续为核心人群提供价值,因为人是一切商业变化的核心。在数字变革、消费分级上,安利在中国市场取得的市场认可、积累的成功经验,可以为其全球范围内的数字化转型开路。安利将会持续专注于人,通过数字手段整合并升级所有渠道,持续为不同国家的人打造适合的品牌体验。

社交、数字化和产品创新的变革,将有助于安利在快速变化的全球市场上提升竞争力,并支持我们的经销商获得长期成功。

——理查德·狄维士,安利董事会联合主席

如何实践体验思维

- 数字化转型，是数字时代企业的必由之路。数字体验战略，需从顶层战略落到具体业务。以体验驱动、以数据支撑、以智能解决，为核心人群创造价值。

- 企业数字化转型，分为数字化、数据化、智能化三个阶段。三阶段循序开始、滚动发展，拓展数字服务能力，深化价值感知，带来价值持续增长。

- 数字化是企业数字化转型的最基础阶段。以功能接入带来高效数字体验，传统企业便可顺利开局数字化转型。

- 数据化是企业积累数据资产最重要的阶段。人成为数据的集合，企业以人的视角积累、使用这些数据，能最大限度发挥数据的价值。

- 智能化是企业数字化转型的阶段性目标。技术与人进一步融合，企业提供智能助手，惠及更多人的日常生活。

第 6 章

以体验思维的视角
审视未来机遇

新人群,00 后带来商业新启示 / 245
新趋势,5G 技术打开商业新蓝海 / 256

新人群，00后带来商业新启示

2018年，00后步入成年。

他们的性格、能力、三观呈现出史无前例的独特性。

毫无疑问，00后是未来商业趋势的引领者。

不同于常规数据量化得出的简单关联性，

也不同于碎片而模糊的偏差概括，

下面对00后这"最精明"的一代人进行深入解读。

00后，"最精明"的一代

商业的重心正在向年轻一代转移。2018年，中国人口增长出现历史性拐点,人口负增长时代加速到来[1]。据国家统计局数据,2016年,25～34岁的主力消费人群占据总人口比例的32.1%。

00后展现出来的特质与前几代人大不相同,品牌传统打法或将失效。出生于互联网时代,成长于服务经济之下的他们,对传统事物的认知已被刷新。对他们来说,钱包是20世纪的遗产,明星是可以"养成"的,品牌也可以成为无比亲近的好友。

各大机构都在试图定义00后,其商业价值不言而喻。针对18岁上下的泛00后,通过体系研究和深入洞察,我们共解锁了五种人物画像(见图6-1)。

在他们身上,我们看到了看得透、拎得清、胆儿肥、爱倒饬、嗷嗷学五种鲜明特质,而这些特质最终汇聚成了一点——精明。

看得透

在互联网环境的深度浸染下,泛00后拥有过人的"互联网敏感体质"。无论是软广植入、事件营销类的品牌套路,还是人设打造、数据售卖等商业操作,他们都能敏锐察觉。

---

[1] 参考智研咨询的《2016—2022年中国房地产行业市场深度评估及发展前景预测报告》。

图 6-1　泛 00 后五种典型人物画像

拿追星文化举例，过去人们追的是明星，而泛 00 后追的是人设。不同于过往，如今的明星多为商业公式的产物：树立人设、包装孵化、出道圈粉、全民养成、流量变现。表里不一，往往使人反感，泛 00 后对此却欣然接受。

扫码观看
00 后情景剧《山鸡会的故事》

对他们来说,重要的不是人,是人设养成的成就感。他们会将心中向往的梦幻形象投射到偶像身上,通过人设养成释放激情。或真或假无关紧要,只要能收割到自己需要的价值就足够了。

泛 00 后展现出的是远超自身年龄的通透,他们对品牌格外包容的背后是各取所需和双向信任。无论品牌是画地圈人流量变现,还是铺天盖地投放广告,泛 00 后都不排斥。他们非常理解这背后的逻辑:"谁都需要赚钱,这并没有什么不对。我举双手赞同你赚我的钱,但前提是别把我当成傻瓜。"

拎得清

泛 00 后拥有超强的现实分寸感,懂得用自己心里的一杆秤,对复杂的事物称斤掂两。在理性和感性的天平上,他们往往会选择最合理的,而不是最心动的。

"被垮掉"的 90 后似乎对职业有较多的梦想寄托,一句"谁说爱好不能养活我"道出其浓浓的理想主义情怀。在期许优质工作待遇的同时,90 后还要求工作环境带给他们自由和开心,鱼与熊掌想要兼得。

但泛 00 后并不这么认为。他们展现出了一种出奇冷静且克制的态度:兴趣意味着放松、快乐、享受,工作则意味着钱、生存、成就、压力,一旦混淆两者哪个也得不到。为了保持兴趣爱好的独立性,他们不愿意将兴趣和工作混为一谈。

此外，他们也普遍觉得就自己的水平而言，兴趣并没有办法为未来的生活提供可持续的经济保障。相较之下，通过努力工作换取金钱养活兴趣，显得更加切实可行。

胆儿肥

泛00后非常明确地拒绝一成不变、一眼到底的人生。参加高考、进入名校、应聘工作这般约定俗成的人生轨迹，并不是他们想要的。比起考取北大、清华，他们更期望走出国门，看看不一样的世界。即使失败，也是自己的选择。只有短期计划、只做好眼前的、最大限度抓住能抓住的，是泛00后拥抱人生的方式。

面对生活中的疑难困惑，泛00后永远有超强的行动力。就有这么一位泛00后，曾为了探寻《麦田里的守望者》的故事背景而前往纽约，带着对种族问题的质疑，深入黑人区以及那些发生过真实命案的地点一探究竟。

在泛00后看来，未知带来的不是退缩和恐惧，而是兴奋。作为"VUCA[①]后裔"，他们总在未知和改变中前进，通过亲身实践来增强自

[①] "VUCA"意味着处于多变的（Volatile）、不确定的（Uncertain）、复杂的（Complex）和模糊的（Ambiguous）的状态之中。

己对生活的理解和对世界的认知。如果生活是一潭死水，他们就需要不断地向里面投掷代表着未知变量的小石子，来感知生命的丰富性。

爱倒饬

泛 00 后是"颜值至上"的忠实拥趸。对他们来说，变美不是为了脱颖而出，而是这个颜值社会中的生存法则。

为此，泛 00 后的精致程度远远超过了 18 岁时的我们。为打造更完美的外在形象，化妆、穿搭、健身、礼仪、饮食等一个都不能将就。不只女性，男性也是如此。他们对个人印象的构筑还衍生到了虚拟世界，比如社交网络、电子游戏等之中，每一个 ID 下都有可能出现不一样（或高度统一）的风格形象。

泛 00 后对美的要求不仅在个人形象层面，还涵盖了生活的各方面。在挑选餐厅时，装修和摆盘是首要考虑因素，口味是其次；在置办家具时，家具必须符合家装的整体调性，不能显得突兀；出门在外时，手里拿的、包里用的、身上喷的、脸上画的，需要自成一体。

泛 00 后表示，人设、IP 不再只是明星、偶像的专利，只要对自己的定位有要求，谁都可以像明星一样要求和运营自己。

嗷嗷学

泛 00 后不仅爱学习，也会学习。大部分泛 00 后认为成绩和绩点不代表全部。学习不单纯为掌握一门知识，更多是为了提升能力、锻炼思维以及加强对社会现实问题的理解。无论在学校内外，他们都不会错失任何学习机会，也很在意学习环境的氛围。这很大程度归功于他们所接受的教育。泛 00 后的父母在教育投资方面，相较于前几代家长会付出更多，但不会像过去那样不断死磕成绩。

另一方面，在泛 00 后看来，学习方式可以更加多元。互联网为他们开辟了更多的学习途径，比如知乎这样的问答类知识社区，或以 TED 为代表的演讲平台，甚至在哔哩哔哩上也能学习不少东西。在课桌前死磕书本，成了效率最低的一种。

泛 00 后认为学习的关键在于掌握正确的方式，不只是简单地堆叠信息，而是通过洞察来获取真知，继而内化为自己的知识。

00 后带来的商业启示

反套路沟通

既然谁都知道你在打广告，那么不如明着来。当下，我们可以看到一种坦率的、直白的反套路沟通正在风靡。

反套路沟通指品牌采取与过往的营销套路背道而驰的方式，与人们开诚布公地对谈。马东在《奇葩说》和张绍刚在《吐槽大会》的赤裸裸的广告口播，并不会让人心生反感；GQ实验室自成一派的内容营销，让人们对"你今天又打算如何变着花样打广告"产生了欲罢不能的期待。越来越多的网红在发广告前，都会做提前预告，粉丝不仅不排斥甚至会期待他们的走心推荐。

国外服装品牌埃韦兰斯（Everlane）更是将这种直白的沟通方式发挥到极致。它对售卖的每一件服饰都进行了明码标价，对在布料、五金、缝纫、设计、税费、物流上花的每一分钱通通进行了标注。人们可以清楚地知道自己在为什么付费，并自由选择原价购买或是给品牌溢价，值不值得全靠自己来衡量。

"与其打游击，不如正面刚"的反套路沟通，或许是今后品牌与人们快速建立信任关系的最佳选择。

高渗透共创

品牌80%的影响力来自用户。2018年由腾讯打造的超流量真人选秀节目《创造101》，其成功很大程度上是由与观众的深度互动模式造就的。自节目开播，女孩们最后能否出道，全权交给了屏幕前的观众，晋级、淘汰全凭人气高低决定。人们从观众变为了共创者，与那些素不相识的女孩产生了连接，这种连接源于喜爱，由投票模式加强。观众因为这种共创感而全程参与、积极转发。直到最终结果公布，无论是观众、101女孩，还是相关品牌，都已充分收获了各自所需的价值。

高渗透共创要求品牌能够对人有足够的重视，并保持开放心态。人们不再只是单方面地购买产品和享受服务，随着与品牌关系的深化，他们会产生更多的需求，并主动为品牌制造口碑，甚至期望参与品牌的成长过程中。今年春节，德芙便与101女孩的粉丝们实现了共创。粉丝通过购买德芙的产品解锁"福气值"、应援偶像，德芙则将这份祝福用火箭发射升空。

一次性的交易关系将不复存在。钱与物的交换是一种互不相欠的交易方式，很难长久维系品牌与用户的关系；而高渗透共创意味着共同孕育，这种关系一旦建立起来将很难被打破。

游戏化赋能

从泛00后身上我们可以洞察到，传统刻板的填鸭式教学正在被人们抛弃，取而代之的是更轻量化、娱乐化的方式。

2018年，任天堂推出了为儿童量身定制的纸板游戏外设Nintendo Labo。和传统印象不同，Labo不带任何电子部件，而是全由预先剪裁好的纸板构成。玩家需要亲手组装才能玩。相比直接买现成的，这种方式能让人体验到探索过程的趣味性及成就感。因此，除了儿童，无数成年人也心甘情愿地为它掏了腰包。

游戏化赋能的关键是对复杂目标的拆解、适当的引导以及及时的鼓励。就像你玩游戏，系统不会将一本厚重的操作说明直接摆在你的面前，而是先用几个简单的任务，教会你如何操作，再一步步引导你完成进阶任务，并给予一定的奖励，让你更有欲望去寻找下一个"金矿"。

在成人教育领域，我们已经能看到不少通过游戏化赋能取得成功的品牌，比如番茄英语、得到、Keep 等。

品牌颜值化

越来越多的人开始愿意为颜值买单。门庭若市的网红店铺、升级包装便售价翻倍的街头小吃、业绩曲线与销售人员的颜值成正反相关等现象，无一不在告诉我们，影响人们消费决策的不再只是产品和功能本身，颜值也是。

但要注意的是，品牌颜值化不等同于好看，更重要的是个性。一副好看的皮囊能吸引人们的目光，但这不足以成为让人们爱上品牌的理由。因为这世上好看的人和品牌太多了，人们可以随时随地抛弃你的品牌转向别处。因此，除了视觉元素，品牌还需要从自身 DNA 中提取独到的个性。

曾一度濒临破产的国产品牌李宁，通过2018年纽约时装周的一次走秀重获新生。凭借其高度反转的全新品牌形象，突破了代次的屏障，成功打入了年轻人的社交网络，在不到两天时间快速发酵、滋长、引爆；随后，波士登、回力、旺仔等本土品牌紧随其后，开始复制这种方式开展营销，却鲜有成效。产生如此差距的关键原因在于李宁与年轻消费者产生了价值共鸣，并非单纯因为其服饰好看，本质原因是李宁品牌对其DNA中国民属性的延续和发扬，唤起了年轻一代的爱国情怀。

当下，泛00后的成熟程度已经远超同年龄时期的你我，往后更有过之而无不及，泛00后堪称中国"最精明"的一代人。未来商业，必然会因为这些新人群的出现而发生巨变。相信用不了多久，我们便会初见端倪。希望上面的深刻洞察和先机预判，能为你带来一些新的视角和启发。

扫码获取完整版《00后洞察报告》

新趋势，5G 技术打开商业新蓝海

5G 时代已经到来。

曾经被认作天方夜谭的无人驾驶、万物互联技术，如今近在咫尺。

4G 为我们的生活带来了无数新体验，

5G 又将如何颠覆？

体验经济时代的新阶段，帷幕已徐徐拉开。

三个阶段，造就颠覆创新

新技术从诞生到成熟，并非一蹴而就的，背后离不开商业的推动。5G 也不例外。

在我看来，5G 的未来发展将分成三个阶段：1.0 云端生态、2.0 全方位服务、3.0 智慧商业（见图 6-2）。阶段背后是 5G 网络建设、设备普及和创新运用的惯性达成。在各个阶段，不同领域、不同行业或将迎来新一轮的洗牌，新蓝海随之浮现。

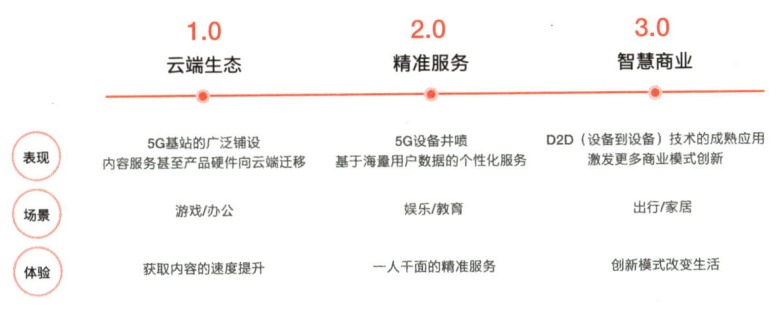

图 6-2　5G 的未来三阶段

1.0 云端生态，随之随地

5G 时代，率先迎来的将会是如火如荼的基站铺设以及在高速网络基础上迅速扩张的云端生态。最先受到影响的将会是以内容服务为核心的行业，比如游戏行业、数字媒体行业等。

看向游戏行业，5G 技术对云端计算、存储和载入能力的大幅提升，或将使云游戏业务走向成熟。这意味着玩家不必再下载游戏，同时无须花重金购置专业的游戏显卡和主机，便能玩到高品质的游戏大作。游戏的主机厂商，将因此从硬件设备的提供商，向能力服务的提供商转型。2017 年，英伟达的云显卡服务概念正印证了该趋势的到来。

除了能力云端化以外，高密度覆盖的 5G 网络环境，允许人们随时随地、毫无负担地享受云端服务。高速、低延时的网络环境，让人们逐渐淡忘下载、缓存的概念。因为更低的资费，人们对流量不再敏感。在此基础上，云端服务将脱离固定环境，走向移动。"随时随地，点击即可得"将成为人们通过云端服务获取内容的新体验。

如果现在你需要在 4G 网络下打开云盘上高达 1GB 的文件，那么你不得不做出选择，是找寻附近可用的无线网络，还是评估事情的紧要程度选择用流量下载，为此你甚至可能需要先买几个流量充值包。但在 5G 时代，你会不假思索地打开它。

因此，云端服务生态的快速扩张，或将成为第一个进入人们视野的 5G 商业变革。

2.0 精准服务，争分夺秒

随着 5G 网络的日渐完善，搭载 5G 模块的产品将会以雨后春笋之势涌现。两者的加成将改变数据的获取密度、效率及使用方式。结合高智能算法，数据的随取随用成为可能，这将使品牌对人有更全面而深入的认知，继而提供更精准、实时、个性化的服务。

5G 时代的中段，最显著的改变是人们不需要再做那么多选择。4G 时代，人们仍在不断为有限的时间和注意力做选择和分配。生活中充斥着太多选项，生活场景不断被割裂，变得碎片化。一部两小时的电影，如果不在电影院观看，你可能需要分数次才能看完它。

内容和服务将朝着更贴合碎片场景的方向，进一步切分和重组。或许往后，看电影人们只会在电影院，在通勤路上收到的则是短剧集的推荐，或一个 20 ～ 30 分钟的定量短视频包，甚至可以根据你的实际状况（比如心情、健康、未来计划等）做出实时改变。品牌可以用比过去更细分的标准，为人们提供更精准的服务。

这将使品牌从争夺用户时间的战场，转向为人们提供精准服务的战场。因此，从触达到离开，如何在有限的时间内为人们塑造一段流畅而印象深刻的体验旅程，并将这层关系延续下去，将至关重要。

3.0 智慧商业，多点绽放

4G 的成熟运用，孕育了各种全新的商业模式，改变了我们在支付、出行、娱乐、教育等场景下的体验。伴随 5G 的成熟，大到智慧城市，小到智慧商圈、智慧家庭将会真正走进人们的生活。

看未来出行，无人驾驶将会在 5G 基站覆盖率达标后，正式进入轨道。而无人驾驶的普及将使共享经济升级为私有共享经济，让资源得到更高效的利用。试想一下，在非用车时段，你可以将你的爱车加入共享车队的行列，借由无人驾驶赚取一笔额外收入。

而这也间接改变了传统汽车销售的报价方式，以前只有车价、保险，现在则多了一项无人驾驶为你带来的购买回报率。同样的，既然无人驾驶已经解放了人们的双手，车载娱乐和办公等新需求就会出现。相关增值服务也将不断涌现。

由此可见，一个新模式的出现和被接受，将连带各个相关行业发生改变。5G 网络一旦铺开，设备实现普及，将会有大量的商业创新应运而生，再一次彻底改变人们对生活的认知。

互动革命，颠覆数字产品体验

速度飞升，打破信息屏障

百倍网速的提升将会是人们最先感知到的 5G 福利。从 4G 时代的宽带 100Mbps，到 5G 时代的宽带 10Gbps，缓存进度条将从历史舞台上功成身退。

5G 减少了等待时间，与之相对的，是人们在单位时间内信息可选项的增加，以及对信息呈现方式多元化需求的增长。因此，在 5G 的影响下，信息呈现方式必定会朝着更为丰富的方向演化。

但人类的视觉资源和注意力资源终归是有限的。在浏览屏幕时，你很难同时浏览屏幕的上下两端。让你放下手机的不是电量而是视觉疲劳。在长时间地浏览和阅读后，你的注意力也会逐渐分散。

这将催生出全新的信息互动方式，来帮助人们突破在处理大量信息时的生理极限。从 3G 到 4G，瀑布流取代了呆板的列表式，但浏览体验没有发生质变，原因是网速提升幅度非常有限。但在 5G 时代，浏览体验将发生质变。一种可能是画布式的出现，在汇集信息的同时，能够承载更多内容，打破行列、层级的约束，由一个焦点展开并无限向外延伸，兼顾浏览的丰富性和沉浸感。

信息超载，掀起产品革命

在 5G 时代，人们会因为网速提升和资费下降，被海量信息所包围，进而产生大量的信息消费。这引申出了一个问题，人们查找、阅读、使用信息的方式是否会发生变化？

最先能预见的是，人们电子设备中的移动应用和文件数量将大幅提升。这将给现有的产品结构带来不小的挑战。系统供应商会聚焦在如何帮助人们提高搜索效率上，软件开发商则要想尽办法让人们下载并打开自己的应用。

5G 时代前诞生的多种应用类型，大多因速度、接口、内容承载等因素的限制，而无法提供完整的产品体验。3G 时代，网页应用（Web App）以更小的体量、更快的触达方式被人们所关注。谷歌在 2011 年推出的基于云端系统的上网本 Chromebook①，曾一度掀起波澜，却因为网速过慢和不稳定等问题而衰落。

在 4G 时代的后半段，微信小程序又掀起了人们对网页应用的新一轮热议和期待。当公众号和小程序能快速响应并解决人们绝大部分需求的时候，原生应用（Native App）在扮演什么角色？各个品牌是否还有必要花大量的时间和金钱去做一个原生应用？

在我看来，未来的系统和产品生态，或许会因为 5G 技术的加持而孕育出一种全新的共生关系。当 5G 时代开始步入 1.0 阶段时，云应用（Cloud App）将会以更丰富的内容呈现方式、更完整的功能搭载、更开放的数据能力、更简便的接入方式陆续登场。

届时，人们获取的将是解决问题的能力，而不是一个个应用。无论

---

① Chromebook 是搭载谷歌 Chrome OS 系统的个人计算机，有单机笔记本电脑的特征也有云计算的概念，最初在 2011 年上市由三星和宏碁生产。

是iOS系统还是安卓系统，传统的Launcher结构将被打破，转向以人们的使用场景和需求为导向融合的个人中心，提供全方位的产品、服务以及最佳的解决方案。

海量连接，带来极致体验

5G时代的2.0阶段，在品牌改变对人的服务方式的同时，人与环境间的互动方式也在随之改变。

5G时代，人脸、指纹、虹膜等生物识别技术将被推向主流生活场景。虽说在4G时代，生物识别技术已经出现，例如支付宝的刷脸支付功能，但却没得到成熟运用。这在一定程度上是因为受限于4G网络，身份识别还是二维的（即依靠图片进行识别），可靠性很低。对于注重安全性的金融场景来说，暂时还无法引进。但在5G时代，身份识别将从二维升级到三维，可靠性大大提升，银行卡可能会因此而成为历史遗产。

同样的，到了5G时代，"无手生活"将成为可能。虽说现在的无卡（无现金）生活已经足够便利，但这依旧不是种极致的体验。试想，如果当你进出地铁时，摄像头能够通过实时的人脸识别，关联到你名下账户进行记录和扣费，出入口不再设有栅栏，全程无须停顿一秒，也不用掏出兜里的手机，这是一种怎样的体验？

同时，5G将有可能彻底颠覆传统的教育场景。VR（虚拟现实）+AR（增强现实）=MR（混合现实），是5G带来的全新概念。凭借5G网络低至1毫秒的超快响应速度，通过VR和AR，人们可以实时与面前的虚拟（实体）形象进行互动。在制造业，零基础的工人可以利用这种技术轻而易举地上手高难度的工作。对学生而言，他们无须再特地跑到学校，而是可以跟随精准推荐的课程在家实现1对1学习。

5G很快，但也很慢

4G从2012年诞生，到2013年商用，至今才得到普及。5G距离人们还很远，却离企业很近：华为发布搭载5G芯片的Mate 20 X；支付宝抢滩登陆，刷脸支付开始铺点；腾讯、微软、索尼、任天堂、谷歌、英伟达、英特尔等企业纷纷入局云游戏领域，一片混战。

面对5G掀起的新浪潮，不必心急。从好技术到好产品，再到好体验，之间有很大一层灰度，5G也不例外。很现实的问题是，早在2013年联通便率先实现了4G网络的商用，可就在5G网络到来的今天，很多地区仍然面临着4G网络覆盖率不足和连接质量不佳的问题。

单看技术，5G很好。但技术终归是用于服务人的，我们需要从人的视角切入，结合企业自身现状以及未来短、中、长期的发展规划，全局审视、冷静分析、大胆入局，继而实现可持续的价值创造。

5G很快,但也很慢,只有当人工智能迎来下一次的质变,万物互联才能发挥真正价值;也只有当企业能为人们带来足够好的体验时,5G才真正意义上地到来。

如何实践体验思维

- 年轻人代表着商业的未来方向。堪称史上"最精明"的 00 后新人群,看得透、拎得清、胆儿肥、爱掉饬、嗷嗷学,品牌互动方式也随之发生改变。反套路沟通、高渗透共创、品牌颜值化、游戏化赋能,是可行的商业启示。

- 技术无法替代人,但可以让人生活得更好。5G 技术发展 1.0 时代,构建云端生态实现更快内容传输,2.0 时代,提供精准服务实现一人千面的服务形态,3.0 时代,智慧商业以模式创新改变生活。

- 技术创新带来新一轮行业洗牌,新蓝海随之出现。从新技术到好产品,再到好体验,中间依旧有很大的发挥空间。5G 将以全新的信息互动、产品形态乃至系统生态,颠覆人们的体验。

后 记

商业创新的体验之路

最后,让我们通过文末的知识点梳理图,
回顾全书,温故知新。

商业创新永无止境,
保持动态迭代,将令我们持续受益。

中国的体验经济,在世界范围已经具备先锋性与代表性。体验经济不是像农业经济、工业经济、服务经济一样的具象经济形态,而是以赋能者的身份将前三者融合,创造更持久的新价值。人群不断岛屿化与原子化的同时,新阶层持续崛起。随着互联技术与智能设备的普及升级,变化日新月异,中国商业环境史无前例得复杂。

体验创新,是体验经济中商业创新的有效之道。书中讨论了小罐茶对中国茶的颠覆与重塑，芝麻信用以体验驱动信用普惠，招商银行对金融体验新时代的开创性贡献，威马重新定义人、车、城市的关系，以及安利的数字化战略转型，通过对上述案例的详细了解，不难发现体验创新是在复杂商业环境中取得成功的关键钥匙。

如果使用这把钥匙，需要聚焦人、价值、可持续三大维度。

在人的维度，人们已经开始从品牌的消费者成为品牌的共建者。品牌要重视体验经济中人与人之间的口碑力量，深度理解变化中的人群，知行合一地落实以人为本；同时发掘新需求，创造新场景，给人们带来产生巅峰时刻的新体验。

在价值维度，品牌的价值创造已经从产品交易转向品牌服务。品牌要围绕核心人群，打造360°可感知的整体体验；基于对体验回报的充分认知，通过对体验战略中定位、规划、设计、实施的不断循环与迭代，持续创造价值并塑造品牌。

可持续的模式，从供需关系转向共生系统。品牌与人之间从单向的传递，转为双向的互动；品牌从追求周期式的需求满足，苦寻第二曲线[①]，到

---

① 第二曲线：概念源自《第二曲线：跨越"S型曲线"的二次增长》(*The Second Curve : Thoughts on Reinventing Society*)，由查尔斯·汉迪（Charles Handy）所著。其中S型曲线是组织和企业在预测未来时参考的重要工具。

构建共生系统，打破非连续性，在以共同成长为目标塑造品牌与人关系的同时，将人与人、品牌与品牌系统地纳入进来，更整体、更融合、更加可持续。

商业创新，没有一劳永逸的方法，也没有包打天下的方式。品牌需要在笃定坚守价值观的同时，不断迭代认知，寻找新可能。理解并探索复杂性的本质，实时保持动态迭代，将令我们持续受益。我非常喜欢霍金的那句："记住要仰望星空，而非注视脚下。无论生活如何艰难，请保持一颗好奇心。"

已近尾声，希望你已经进一步了解体验，清晰了体验思维对于自己的价值与意义，也希望这本书的体验不会特别糟糕。

再会。

2020 年 4 月

扫描二维码，关注黄峰个人微信，
与作者交流你关心的话题

致 谢

感谢赖祖杰（Mike Lai）博士，他是本书的第二作者，对方法论的沉淀与总结贡献良多。感谢冯曦寒带领的团队与我共同丰富本书，他们是陈威桥、周改丽、蔡越、徐姗姗、吴灏、刘东明、梁楷。感谢唐硕咨询集团的所有合伙人，特别是蔡晴晴、王阅微、范震隽、吴迪对案例内容的大力支持。

感谢湛庐的编辑团队，与湛庐文化的共创令人愉悦，诸位专业专注的投入使这本书不断精进。

感谢杜国楹，钦佩杜总的自我迭代，以及对产品与行业的执着投入。小罐茶正在重塑中国茶。感谢胡滔，胡总的坦诚与热忱令我记忆犹新。招商银行作为标杆影响了中国的金融体验，芝麻信用则定义了中国的个人信用服务。感谢沈晖，沈总的厚积薄发、爽朗耿直深深感染。威马汽车凭借颠覆性的体验，已经成为中国造车新势力的头部品牌。感谢余放，余总果决地以体验战略进行品牌升级。安利 CoE（Center of Excellence）在推动安利亚太区数字化转型的同时，也是在为世界进行探索。感谢蒂姆·科比，我的老友与战略合作伙伴，从他与史蒂夫·乔布斯长达 12 年的合作经验中，我受益匪浅。与行业领袖共同打造以人为本的美好体验，我深感骄傲。

感谢我的太太许华君和三个孩子。你们是我不断向前，为行业与社会创造价值的动力。

湛庐CHEERS

未来，属于终身学习者

> 我这辈子遇到的聪明人（来自各行各业的聪明人）没有不每天阅读的——没有，一个都没有。巴菲特读书之多，我读书之多，可能会让你感到吃惊。孩子们都笑话我。他们觉得我是一本长了两条腿的书。
>
> ——查理·芒格

互联网改变了信息连接的方式；指数型技术在迅速颠覆着现有的商业世界；人工智能已经开始抢占人类的工作岗位……

未来，到底需要什么样的人才？

改变命运唯一的策略是你要变成终身学习者。未来世界将不再需要单一的技能型人才，而是需要具备完善的知识结构、极强逻辑思考力和高感知力的复合型人才。优秀的人往往通过阅读建立足够强大的抽象思维能力，获得异于众人的思考和整合能力。未来，将属于终身学习者！而阅读必定和终身学习形影不离。

很多人读书，追求的是干货，寻求的是立刻行之有效的解决方案。其实这是一种留在舒适区的阅读方法。在这个充满不确定性的年代，答案不会简单地出现在书里，因为生活根本就没有标准确切的答案，你也不能期望过去的经验能解决未来的问题。

湛庐阅读App：与最聪明的人共同进化

有人常常把成本支出的焦点放在书价上，把读完一本书当作阅读的终结。其实不然。

> 时间是读者付出的最大阅读成本
> 怎么读是读者面临的最大阅读障碍
> "读书破万卷"不仅仅在"万"，更重要的是在"破"！

现在，我们构建了全新的"湛庐阅读"App。它将成为你"破万卷"的新居所。在这里：

- 不用考虑读什么，你可以便捷找到纸书、有声书和各种声音产品；
- 你可以学会怎么读，你将发现集泛读、通读、精读于一体的阅读解决方案；
- 你会与作者、译者、专家、推荐人和阅读教练相遇，他们是优质思想的发源地；
- 你会与优秀的读者和终身学习者为伍，他们对阅读和学习有着持久的热情和源源不绝的内驱力。

从单一到复合，从知道到精通，从理解到创造，湛庐希望建立一个"与最聪明的人共同进化"的社区，成为人类先进思想交汇的聚集地，与你共同迎接未来。

与此同时，我们希望能够重新定义你的学习场景，让你随时随地收获有内容、有价值的思想，通过阅读实现终身学习。这是我们的使命和价值。

湛庐CHEERS

湛庐阅读App玩转指南

湛庐阅读App 结构图：

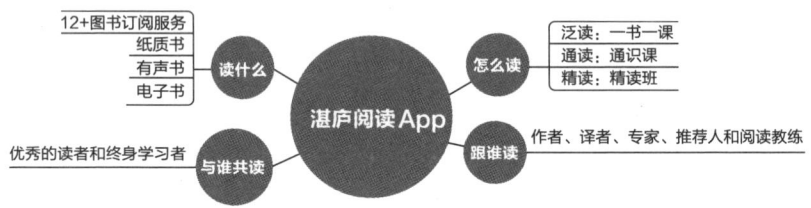

三步玩转湛庐阅读App：

湛庐CHEERS

使用App扫一扫功能，
遇见书里书外更大的世界！

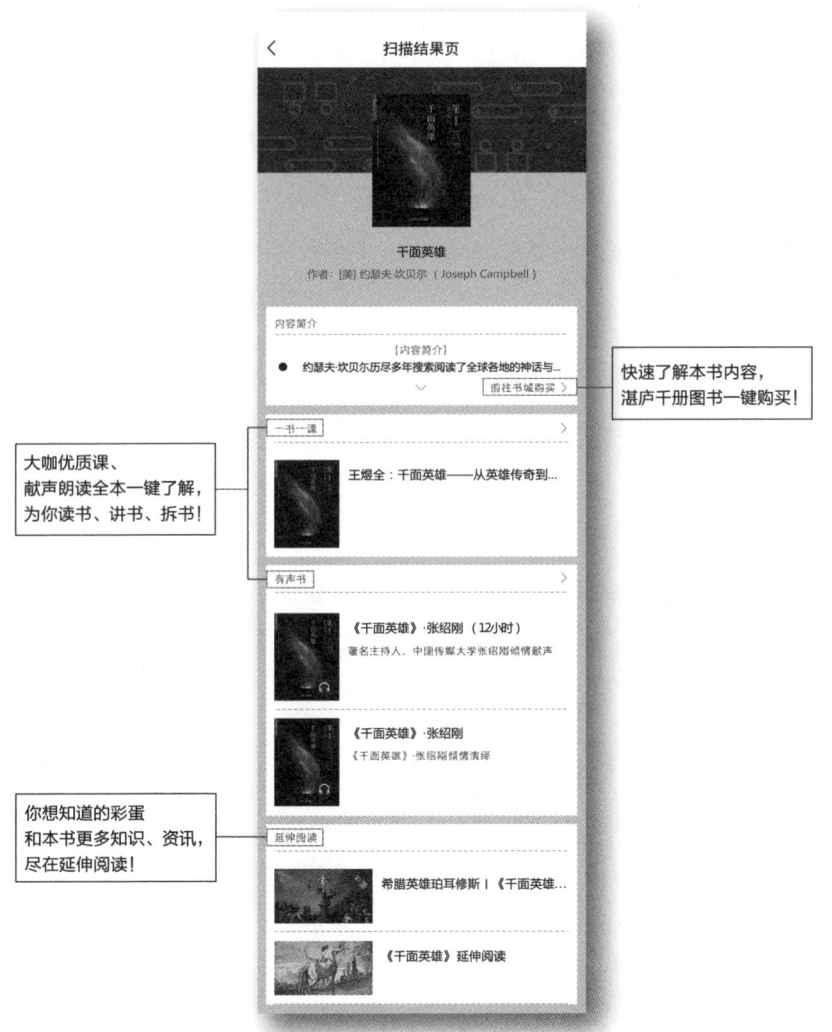

湛庐CHEERS

延伸阅读

《IDEO，设计改变一切（10周年纪念版）》

◎ 享誉国际的 IDEO 公司 CEO 蒂姆·布朗力作，带领我们深度了解"设计思考"。
◎ 设计思考远远超乎我们以往所认知的美学与风格课题。它是用简洁纯熟的技巧去建造、制作和沟通复杂构想的一套有体系的做事方法。跟随这本书，你会发现，设计思考不仅改变你我的生活，更可以改造组织、激发创新。

《整合思维》

◎ 全球极具影响力的 50 大商业思想家之一罗杰·马丁经典力作，被无数次引用的创新性思想，制胜商业和生活的全新思维方式训练手册。
◎ 马丁教授深度采访了宝洁公司 CEO 雷富礼、四季酒店创始人伊萨多·夏普、红帽软件创始人鲍勃·扬、IDEO 公司 CEO 蒂姆·布朗等多位成功的企业领导者，揭示了领导者致胜的关键在于他们的思维方式：能够同时处理两种对立观点，并在综合各方优势的过程中取得突破。

《整合决策》

◎ 继《整合思维》之后罗杰·马丁教授的又一力作，旨在帮助读者学会使用整合决策这一卓有成效的工具，去应对权衡决策的挑战和机遇，切实帮助读者逐渐培养起整合思维和整合决策的能力，从此不必在两难选项中二选一，而是"两者兼得"。
◎ IDEO 公司 CEO 蒂姆·布朗、畅销书作者丹尼尔·平克、亚当·格兰特强烈推荐！

《设计大师的商业课》

◎ 世界著名创意咨询公司青蛙设计公司前设计总监戴维·舍温重磅力作。
◎ 这是一部从商业角度去思考设计和经营设计，深度探讨如何实施设计管理和设计项目的著作，阐释了领导者在经营设计企业、落实设计项目管理的过程中，普遍关注且亟需解决的关键问题，在国内市场极为罕见，是设计工作者必读佳作！